AF337399

CANTIQ...

SPIRITUELS,

PRÉCÉDÉS DES

PRIÈRES

DURANT LA SAINTE MESSE.

A COLMAR,

Chez J. H. DECKER, Imprimeur du ROI.

1824.

PRIÈRES

DURANT LA SAINTE MESSE.

Prière pour se disposer à la bien entendre.

Je me présente, ô mon adorable Sauveur, devant les saints autels pour assister à votre divin sacrifice. Daignez, ô mon Dieu, m'en appliquer tout le fruit que vous souhaitez que j'en retire, et suppléez aux dispositions qui me manquent.

Disposez mon cœur aux doux effets de votre bonté, fixez mes sens, réglez mon esprit, purifiez mon âme; effacez par votre sang tous les péchés dont vous voyez que je suis coupable. Oubliez-les tous, ô Dieu des miséricordes : je les déteste pour l'amour de vous, je vous en demande très-humblement pardon, pardonnant moi-même de bon cœur à tous ceux qui auraient pu m'offenser. Faites, ô mon doux Jésus, qu'unissant mes intentions aux vôtres, je me sacrifie tout à vous, comme vous vous sacrifiez entièrement pour moi. Ainsi soit-il.

COMMENCEMENT DE LA MESSE.

Au nom du Père, etc.

C'est en votre nom, adorable Trinité, c'est pour vous rendre l'honneur et les hommages qui vous sont dûs, que j'assiste au très-saint et très-auguste sacrifice.

Permettez-moi, divin Sauveur, de m'unir d'intention au ministre de vos autels pour offrir la précieuse victime de mon salut, et donnez-moi les sentimens que j'aurais dû avoir sur le Calvaire, si j'avais assisté au sacrifice sanglant de votre passion.

CONFITEOR.

Repassez dans l'amertume de votre cœur les péchés que vous avez commis. Rappelez en gros et confusément tout ceux qui vous humilient davantage. Exposez à Dieu vos faiblesses : priez-le qu'il vous les pardonne, et que l'abîme de vos misères attire sur vous, en ce sacrifice, l'abîme de ses miséricordes.

Je m'accuse devant vous, ô mon Dieu, de tous les péchés dont je suis coupable. Je m'en accuse en présence de Marie, la plus pure de toutes les vierges, de tous les saints, et de tous les fidèles; parce que j'ai péché en pensées, en paroles, en actions, en omissions, par ma faute, oui, par ma faute, et ma très-grande faute. C'est pourquoi je conjure la très-sainte Vierge et tous les saints de vouloir intercéder pour moi.

KYRIE, ELEISON.

Entretenez-vous dans un doux sentiment de confiance en la bonté de Dieu, qui, vous permettant d'employer un moyen aussi efficace que celui-ci pour lui demander la grâce de votre réconciliation, vous donne en même temps un gage assuré que vous pourrez l'obtenir.

Divin Créateur de nos âmes, ayez pitié de l'ouvrage de vos mains; Père miséricordieux, faites miséricorde à vos enfans.

Auteur de notre salut, immolé pour nous, appliquez-nous les mérites de votre mort et de votre précieux sang.

Aimable Sauveur, doux Jésus, ayez compassion de nos misères, pardonnez-nous nos péchés.

GLORIA IN EXCELSIS.

Concevez un grand désir de procurer à Dieu toute la gloire, et au prochain tout le bien que vous pourrez. Réjouissez-vous avec les anges de la part que vous avez à la connaissance des saints mystères. Remplissez-vous des hautes et magnifiques idées de la majesté de Dieu, et de Jésus-Christ son Fils.

Gloire à Dieu dans le ciel, et paix aux hommes de bonne volonté sur la terre. Nous vous louons, Seigneur, nous vous bénissons, nous vous adorons, nous vous glorifions, nous vous rendons de très-humbles actions de grâces dans la vue de votre grande gloire, vous qui êtes le Seigneur, le souverain monarque, le Très-Haut, le seul vrai Dieu, le Père tout-puissant.

Adorable Jésus, Fils unique du Père, Dieu et Seigneur de toutes choses, Agneau envoyé de Dieu pour effacer les péchés du monde, ayez pitié de nous, et du haut du ciel où vous régnez avec votre Père, jetez un regard de compassion sur nous. Sauvez-nous, vous êtes le seul qui le puissiez, Seigneur Jésus, parce que vous êtes le seul infiniment saint, infiniment puissant, infiniment adorable, avec le Saint-Esprit dans la gloire du Père. Ainsi soit-il.

ORAISON.

Accordez-nous, Seigneur, par l'intercession de la sainte Vierge et des saints que nous honorons, toutes les grâces que votre ministre vous demande pour lui et pour nous. M'unissant à lui, je vous fais la même prière pour ceux et celles pour lesquels je suis obligé de prier, et je vous demande, Seigneur, pour eux et pour moi, tous les secours que vous savez nous être nécessaires, afin d'obtenir la vie éternelle, au nom de J. C. N. S. Ainsi soit-il.

ÉPITRE.

Transportez-vous en esprit au temps des patriarches et des prophètes qui n'aspiraient qu'après le Messie. Entrez dans leurs empressemens. Formez leurs désirs, prenez les sentimens qu'ils eurent alors : vous attendez le même Sauveur, et, plus heureux qu'eux, vous le voyez.

Mon Dieu, vous m'avez appelé à la connaissance de votre sainte loi préférablement à tant de peuples qui vivent dans l'ignorance de vos mystères. Je l'accepte de tout mon cœur cette divine loi, et j'écoute avec respect les sacrés oracles que vous avez prononcés par la bouche de vos prophètes. Je les révère avec toute la soumission qui est due à la parole d'un Dieu, j'en vois l'accomplissement avec toute la joie de mon âme.

Que n'ai-je pour vous, ô mon Dieu, un cœur semblable à celui des saints de votre ancien testament ! Que ne puis-je vous désirer avec l'ardeur des patriarches, vous connaître et vous révérer comme les prophètes, vous aimer et m'attacher uniquement à vous comme les apôtres !

ÉVANGILE.

Regardez l'évangile que vous allez entendre comme la règle de votre foi et de vos mœurs ; règle que Jésus-Christ lui-même vous a adressée, et que vous avez promis de suivre par les engagemens du baptême ; règle que vous observez mal,

et sur laquelle vous serez jugé sans adoucisse-
ment et sans appel.

Ce ne sont plus, ô mon Dieu, les prophète
ni les apôtres qui vont m'instruire de mes devoirs ;
c'est votre Fils unique, c'est sa parole que je vais
entendre. Mais, hélas ! que me servira d'avoir
cru que c'est votre parole, Seigneur Jésus, si je
n'agis pas conformément à ma croyance ? Que me
servira, lorsque je paraîtrai devant vous, d'avoir
eu la foi sans le mérite de la charité et des bon-
nes œuvres ?

Je crois, et je vis comme si je ne croyais pas,
ou comme si je croyais un évangile contraire au
vôtre. Ne me jugez pas, ô mon Dieu, sur cette
opposition perpétuelle que je mets entre vos maxi-
mes et ma conduite. Je crois, mais inspirez-moi
le courage et la force de pratiquer ce que je crois.
À vous, Seigneur, en reviendra toute la gloire.

CREDO.

Affermissez ici votre foi. Tout ce que l'Évan-
gile vous propose à croire est fondé sur la parole
de Dieu annoncée par les prophètes, révélée
dans les Écritures, déclarée par les miracles,
vérifiée par l'établissement de la foi, confirmée
par les Martyrs, et rendue sensible par la sain-
teté de notre religion, et par le solide consente-
ment de ceux qui la professent avec fidélité.

Je crois en un seul Dieu, Père tout-puissant,
qui a fait le ciel et la terre, les choses visibles et
les invisibles : et en un Seigneur J. C., Fils unique de Dieu, né de Dieu son Père avant tous les
siècles ; Dieu de Dieu, lumière de lumière, vrai
Dieu du vrai Dieu, engendré et non créé, con-
substantiel à son Père, et par qui tout a été fait ;

qui est descendu du ciel pour l'amour de nous et pour notre salut ; qui s'est incarné par l'opération du Saint-Esprit dans le sein de la Vierge Marie, et qui s'est fait homme. Je crois aussi que Jésus-Christ a été crucifié pour l'amour de nous sous Ponce Pilate, qu'il a souffert la mort, et qu'il a été enseveli ; qu'il est ressuscité le troisième jour, suivant les Ecritures ; qu'il est monté au ciel, et qu'il y est assis à la droite de son Père ; qu'il viendra une fois sur la terre avec gloire pour juger les vivans et les morts, et que son règne n'aura point de fin.

Je crois au Saint-Esprit, Seigneur et vivifiant, qui procède du Père et du Fils ; qui est adoré et glorifié avec le Père et le Fils ; et qui a parlé par les prophètes. Je crois que l'Église est une, sainte, catholique et apostolique. Je confesse qu'il y a un baptême pour la rémission des péchés ; et j'attends la résurrection des morts, et la vie du siècle à venir. Ainsi soit-il.

OFFERTOIRE.

Songez au bonheur inconcevable que vous avez de trouver dans ce sacrifice de quoi honorer parfaitement Dieu, le remercier d'une manière qui égale ses dons, effacer entièrement vos péchés, et obtenir, tant pour vous que pour les autres, toutes les grâces dont vous avez besoin, et mettez à profit tous les précieux momens de cet inestimable bonheur.

Père infiniment saint, Dieu tout-puissant et éternel, quelque indigne que je sois de paraître devant vous, j'ose vous présenter cette hostie par les mains du prêtre, avec l'intention qu'a eue J. C. mon Sauveur lorsqu'il institua ce sacrifice, et qu'il a encore au moment qu'il s'immole ici pour moi.

Je vous l'offre pour reconnaître votre souverain domaine sur moi et sur toutes les créatures. Je vous l'offre pour l'expiation de mes péchés, et en action de grâces de tous les bienfaits dont vous m'avez comblé.

Je vous l'offre enfin, mon Dieu, cet auguste sacrifice, afin d'obtenir de votre infinie bonté, pour moi, pour mes parens, pour mes bienfaiteurs, mes amis et mes ennemis, ces grâces précieuses du salut qui ne peuvent être accordées à un pécheur qu'en vue des mérites de celui qui est le juste par excellence, et qui s'est fait victime de propitiation pour tous.

Mais en vous offrant cette adorable victime, je vous recommande, ô mon Dieu, toute l'Eglise catholique, N. S. P. le Pape, notre évêque, tous les pasteurs des âmes, notre souverain, les princes chrétiens, et tous les peuples qui croient en vous.

Souvenez-vous, aussi, Seigneur, des fidèles trépassés, et, en considération des mérites de votre Fils, donnez-leur un lieu de rafraîchissement, de lumière et de paix.

N'oubliez pas, mon Dieu, vos ennemis et les miens; ayez pitié de tous les fidèles, des hérétiques et de tous les pécheurs. Comblez de bénédictions ceux qui me persécutent, et me pardonnez mes péchés, comme je leur pardonne tout le mal qu'ils me font ou qu'ils voudraient me faire. Ainsi soit-il.

PRÉFACE.

Elevez-vous en esprit dans le ciel jusqu'au pied du trône de la Divinité. Là, pénétré d'une sainte et respectueuse crainte à la vue de cette éclatante majesté, rendez-lui vos hommages, et mêlez vos louanges aux célestes cantiques des anges et des chérubins qui l'environnent.

Voici l'heureux moment où le Roi des anges et des hommes va paraître, Seigneur ; remplissez-moi de votre esprit ; que mon cœur, dégagé de la terre, ne pense qu'à vous. Quelle obligation n'ai-je pas de vous bénir et de vous louer en tout temps et en tout lieu, Dieu du ciel et de la terre, maître infiniment grand, Père tout-puissant et éternel !

Rien n'est plus juste, rien n'est plus avantageux que de nous unir à Jésus-Christ pour vous adorer continuellement. C'est par lui que tous les esprits bienheureux rendent leurs hommages à votre majesté ; c'est par lui que toutes les vertus du ciel, saisies d'une frayeur respectueuse, s'unissent pour vous glorifier. Souffrez, Seigneur, que nous joignions nos faibles louanges à celles de ces saintes intelligences, et que, de concert avec elles, nous disions dans un transport de joie et d'admiration :

SANCTUS.

Saint, saint, saint, est le Seigneur, le Dieu des armées, tout l'univers est rempli de sa gloire. Que les bienheureux le bénissent dans le ciel. Béni soit celui qui nous vient sur la terre, Dieu et Seigneur comme celui qui l'envoie.

LE CANON.

Représentez-vous ici l'autel sur lequel Jésus-Christ va se rendre comme sur le trône de sa miséricorde, où vous avez droit de vous présenter pour exposer tous vos besoins, pour demander et pour obtenir. Dieu, qui nous donne son propre Fils, peut-il nous refuser quelque chose ?

Nous vous conjurons, au nom de Jésus-Christ votre Fils et notre Seigneur, ô Père infiniment miséricordieux, d'avoir pour agréable et de bénir l'offrande que nous vous présentons, afin qu'il vous plaise de conserver, de défendre et de gouverner votre sainte Eglise catholique, avec tous les membres qui la composent, le Pape, notre évêque, et généralement tous ceux qui font profession de votre sainte foi.

Nous vous recommandons en particulier, Seigneur, ceux pour qui la justice, la reconnaissance et la charité nous obligent de prier; tous ceux qui sont présens à cet adorable sacrifice, et singulièrement N. et N. Et afin, grand Dieu, que nos hommages vous soient plus agréables, nous nous unissons à la glorieuse Marie, toujours vierge, mère de notre Dieu et Seigneur Jésus-Christ, à tous vos apôtres, à tous les bienheureux martyrs, et à tous les saints qui composent avec nous une même Eglise.

Que n'ai-je en ce moment, ô mon Dieu, les désirs enflammés avec lesquels les saints patriarches souhaitaient la venue du Messie! Que n'ai-je leur foi et leur amour! Venez, Seigneur Jésus, venez, aimable réparateur du monde; venez accomplir un mystère qui est l'abrégé de toutes vos merveilles. Il vient cet agneau de Dieu : voici l'adorable victime par qui tous les péchés du monde sont effacés.

ÉLÉVATION.

Voilà votre Dieu, votre Sauveur et votre juge. Soyez quelque temps dans le silence, comme saisi d'admiration à la vue de ce qui se passe sur l'autel. Rappelez toute votre ferveur, et livrez-vous à tous les sentimens que le respect, la confiance et la crainte sont capables d'inspirer.

Verbe incarné, divin Jésus, vrai Dieu et vrai homme, je crois que vous êtes ici présent, je vous y adore avec humilité ; je vous aime de tout mon cœur ; et, comme vous y venez pour l'amour de moi, je me consacre entièrement à vous.

J'adore ce sang précieux que vous avez répandu pour tous les hommes, et j'espère, ô mon Dieu, que vous ne l'aurez pas versé inutilement pour moi. Faites-moi la grâce de m'en appliquer les mérites. Je vous offre le mien, aimable Jésus, en reconnaissance de cette charité infinie que vous avez eue de donner le vôtre pour l'amour de moi.

SUITE DU CANON.

Contemplez affectueusement votre Sauveur sur l'autel. Méditez les mystères qu'il y renouvelle. Unissez le sacrifice de votre cœur à celui de son corps. Offrez-le à Dieu son Père, suppliez-le d'accepter les prières que ce cher Fils lui fait pour vous, et priez vous-même pour les autres.

Quelle serait donc désormais ma malice et mon ingratitude, si, après avoir vu ce que je vois, je consentais à vous offenser ! Non, mon Dieu, je n'oublierai jamais ce que vous me représentez par cette auguste cérémonie ; les souffrances de votre passion, la gloire de votre résurrection, votre corps tout déchiré, votre sang répandu pour nous, réellement présent à mes yeux sur cet autel.

C'est maintenant, éternelle majesté, que nous vous offrons de votre grâce véritablement et proprement la victime pure, sainte et sans tache qu'il vous a plu nous donner vous-même, et dont toutes les autres n'étaient que la figure. Oui, grand Dieu, nous osons vous le dire, il y a ici plus que tous les sacrifices d'Abel, d'Abraham et de Melchisedech ; la seule victime digne de votre autel, notre Seigneur Jésus-Christ votre Fils, l'unique objet de vos éternelles complaisances.

Que tous ceux qui participent ici de la bouche ou du cœur à cette sacrée victime soient remplis de sa bénédiction.

Que cette bénédiction se répande, ô mon Dieu, sur les âmes des fidèles qui sont morts dans la paix de l'Église, et particulièrement sur l'âme de N. et de N. Accordez-leur, Seignenr, en vue de ce sacrifice, la délivrance entière de leurs peines.

Daignez nous accorder aussi un jour cette grâce à nous-mêmes, Père infiniment bon, et faites-nous entrer en société avec les saints apôtres, les saints martyrs et tous les saints, afin que nous puissions vous aimer et glorifier éternellement avec eux. Ainsi soit-il.

PATER NOSTER.

Nous voici avec Jésus sur un nouveau Calvaire. Tenons-nous au pied de sa croix avec une tendre compassion, comme Madeleine; avec un amour fidèle, comme saint Jean; avec espérance de le voir un jour dans sa gloire, comme les autres disciples. Regardons-le quelquefois de loin, et pleurons nos péchés avec saint Pierre.

Que je suis heureux, ô mou Dieu, de vous avoir pour Père! Que j'ai de joie de songer que le ciel où vous êtes doit être un jour ma demeure! Que votre saint nom soit glorifié par toute la terre. Régnez absolument sur tous les cœurs et sur toutes les volontés. Ne refusez pas à vos enfans la nourriture spirituelle et corporelle. Nous pardonnons de bon cœur : pardonnez-nous, soutenez-nous dans les tentations et dans les maux de cette misérable vie : mais préservez-nous du péché, le plus grand de tous les maux. Ainsi soit-il.

AGNUS DEI.

Dieu. qui est si glorieux dans le ciel, si puis-

sant sur la terre, si terrible dans les enfers, n'est ici qu'un agneau plein de douceur et de bonté. Il y vient pour effacer les péchés du monde, et en particulier les vôtres. Quel motif de confiance! quel sujet de consolation!

Agneau de Dieu, immolé pour moi, ayez pitié de moi. Victime adorable de mon salut, sauvez-moi. Divin médiateur, obtenez-moi ma grâce auprès de votre Père: donnez-moi votre paix.

COMMUNION.

Pour communier spirituellement, renouvelez par un acte de foi le sentiment que vous avez de la présence de Jésus-Christ. Formez un acte de contrition. Excitez dans votre cœur un désir ardent de le recevoir avec le prêtre. Priez-le qu'il agrée ce désir, et qu'il s'unisse à vous en vous communiquant ses grâces.

Si vous voulez communier sacramentalement, servez-vous ici des prières avant la communion.

Qu'il me serait doux, ô mon aimable Sauveur, d'être du nombre de ces heureux chrétiens à qui la pureté de conscience et une tendre piété permettent d'approcher tous les jours de votre sainte table!

Quel avantage pour moi, si je pouvais en ce moment vous posséder dans mon cœur, vous y rendre mes hommages, vous y exposer mes besoins, et participer aux grâces que vous faites à ceux qui vous reçoivent réellement! Mais puisque j'en suis très-indigne, suppléez, ô mon Dieu, à l'indisposition de mon âme. Pardonnez-moi tous mes péchés ; je les déteste de tout mon cœur, parce qu'ils vous déplaisent. Recevez le désir sincère que j'ai de m'unir à vous. Purifiez-moi d'un

seul de vos regards, et mettez-moi en état de vous
bien recevoir au plutôt.

En attendant cet heureux jour, je vous conjure,
Seigneur, de me faire participant des fruits que la
communion du prêtre doit produire en tout le
peuple fidèle qui est présent à ce sacrifice. Augmentez ma foi par la vertu de ce divin sacrement;
fortifiez mon espérance ; épurez en moi la charité ;
remplissez mon cœur de votre amour, afin qu'il
ne respire plus que vous, et qu'il ne vive plus que
pour vous. Ainsi soit-il.

DERNIÈRES ORAISONS.

*Efforcez-vous de rendre au Sauveur sacrifice
pour sacrifice, en devenant la victime de son
amour, en lui immolant toutes les recherches de
l'amour-propre, toutes les attentions du respect
humain, toutes les répugnances et toutes les in-
clinations qui ne s'accorderaient pas avec l'accomplissement de vos devoirs.*

Vous venez, ô mon Dieu, de vous immoler pour
mon salut, je veux me sacrifier pour votre gloire.
Je suis votre victime, ne m'épargnez point. J'accepte de bon cœur toutes les croix qu'il vous plai-
ra de m'envoyer ; je les bénis, je les reçois de
votre main, et je les unis à la vôtre.

Je sors purifié de vos saints mystères, je fuirai
avec horreur les moindres taches du péché, surtout de celui où mon penchant m'entraîne avec
plus de violence. Je serai fidèle à votre loi, et
je suis résolu de tout perdre et de tout souffrir
plutôt que de la violer.

BÉNÉDICTION.

Bénissez, ô mon Dieu, ces saintes résolutions ;
bénissez-nous tous par la main de votre ministre,
et que les effets de votre bénédiction demeurent

éternellement sur nous. Au nom du Pere, et du Fils, et du Saint-Esprit. Ainsi soit-il.

DERNIER ÉVANGILE.

Verbe divin, Fils unique du Père, lumière du monde venue du ciel pour nous en montrer le chemin, ne permettez pas que je ressemble à ce peuple infidèle qui a refusé de vous reconnaître pour le Messie. Ne souffrez pas que je tombe dans le même aveuglement que ces malheureux qui ont mieux aimé devenir esclaves de Satan que d'avoir part à la glorieuse adoption d'enfans de Dieu que vous veniez leur procurer.

Verbe fait chair, je vous adore avec le respect le plus profond; je mets toute ma confiance en vous seul, espérant fermement que, puisque vous êtes mon Dieu, et un Dieu qui s'est fait homme afin de sauver les hommes. vous m'accorderez les grâces nécessaires pour me sanctifier et vous posséder éternellement dans le ciel. Ainsi soit-il.

Ne sortez point de l'Eglise sans avoir témoigné votre reconnaissance pour toutes les grâces que Dieu vous a faites dans ce sacrifice. Conservez-en précieusement le fruit, et faites qu'on demeure convaincu, en vous voyant, que vous avez profité de la mort et de l'immolation d'un Dieu sauveur.

PRIÈRE APRÈS LA SAINTE MESSE.

Seigneur, je vous remercie de la grâce que vous m'avez faite en me permettant aujourd'hui d'assister au sacrifice de la sainte messe préférablement à tant d'autres qui n'ont pas eu le même bonheur; et je vous demande pardon de toutes les fautes que j'ai commises par la dissipation et la langueur où je me suis laissé aller en votre présence. Que ce sacrifice, ô mon Dieu, me purifie pour le passé, et me fortifie pour l'avenir.

Je vais présentement avec confiance aux occupations où votre volonté m'appelle. Je me souviendrai toute cette journée de la grâce que vous venez de me faire, et je tâcherai de ne laisser échapper aucune parole, aucune action, de ne former aucun désir ni aucune pensée qui me fasse perdre le fruit de la messe que je viens d'entendre. C'est ce que je me propose avec le secours de votre sainte grâce. Ainsi soit-il.

CANTIQUES
SPIRITUELS.

POUR LE TEMPS DE NOEL.

Noël. Air : *Laissez paître vos bêtes.*

Amour, honneur, louanges
Au Dieu sauveur, dans son berceau !
    Chantons, avec les anges,
    Un cantique nouveau.   *Fin.*

Si cet enfant verse des pleurs,
C'est pour attendrir les pécheurs,
Et mettre fin à nos malheurs :
    Chargé de notre offense,
Il calme le courroux des cieux;
    La paix, par sa naissance,
    Va régner en tous lieux.   Amour, etc.

Si notre cœur est dans l'ennui,
Nous ne devons chercher qu'en lui
Et notre force, et notre appui.
    Loin de nous les alarmes,
Le trouble et les soucis fâcheux;
    Un jour si plein de charmes,
    Doit combler tous nos vœux.   Amour, etc.

Quand il nous voit près de périr,
Pour nous, luï-même, il veut s'offrir,
Et par sa mort vient nous guérir.
  A l'ardeur qui le presse
Joignons nos généreux efforts,
  Et que de sa tendresse
  Tout suive les transports.   Amour, etc.

Ne craignons plus le noir séjour;
Ce Dieu, qui naît pour notre amour,
Nous ouvre la céleste cour :
  Le démon, plein de rage,
A beau frémir dans les enfers,
  De son dur esclavage
  Nous briserons les fers.   Amour, etc.

Sortons des ombres de la nuit,
Suivons cet astre qui nous luit,
Au vrai bonheur il nous conduit :
  Entrant dans la carrière,
Partout il porte ses ardeurs;
  Sa brillante lumière
  Enchante tous les cœurs.   Amour, etc.

Par son immense charité,
Il rend à l'homme racheté
Le droit à l'immortalité :
  Sous son heureux empire,
Les biens seront toujours parfaits;
  Heureux qui ne soupire
  Qu'après ses doux attraits!   Amour, etc.

LA MORT.

ARRÊTE ici, Passant, regarde cette tombe,
A la mort comme moi il faut que tout succombe;

Regarde bien comme la mort m'a mis ;
Et comme j'ai quitté mes parents, mes amis.

Quand la mort me surprit au printemps de mon
        âge,
Je me piquais d'esprit, de force, de courage :
Dans un moment je me vis terrassé ;
On doute en me voyant si j'ai jamais été.

Entre dans ce tombeau, prends de cette poussière,
Tu n'y verras plus rien de ma beauté première,
Entre, et regarde au fond du monument,
Les vers ne m'ont laissé que les os seulement.

Je ne subsiste plus que dans quelque peinture,
Mon nom ne paraît plus que dans quelque écriture,
On ne sait plus que par quelque écriteau
Qu'après avoir vécu l'on m'a mis au tombeau.

En me voyant ainsi, pense bien à toi-même :
Ton arrêt est porté par le Juge suprême.
Tu viens ici d'un pas précipité ;
Et dans peu va, pour toi, s'ouvrir l'éternité.

MÊME SUJET.

Air connu.

Au fond des brûlans abîmes
Nous gémissons, nous pleurons ;
Et pour expier nos crimes,
Loin de Dieu, nous y souffrons.
    Hélas ! hélas !
Feu vengeur, de tes victimes
Les pleurs ne t'éteignent pas.

A l'aspect de nos supplices,
Chrétiens attendrissez-vous :

A nos maux soyez propices,
O mes frères, sauvez-nous.
    Hélas! hélas!
Le ciel, sans vos sacrifices,
Ne les abrégera pas.

De ces flammes dévorantes
Vous pouvez nous arracher,
Hâtez-vous, âmes ferventes;
Dieu se laissera toucher.
    Hélas, hélas!
De ces peines si cuisantes
La fin ne vient-elle pas?

Grand Dieu, de votre justice
Désarmez le bras vengeur;
Que notre malheur finisse
Par le sang d'un Dieu sauveur,
    Hélas! hélas!
Votre main libératrice
Ne s'étendra-t-elle pas?

SUR LA PASSION N. S. JÉSUS-CHRIST.

Air : *Que ne suis-je la fougère.*

Au sang qu'un Dieu va répandre,
Ah! mêlez du moins vos pleurs,
Chrétiens, qui venez entendre
Le récit de ses douleurs.
Puisque c'est pour vos offenses
Que ce Dieu souffre aujourd'hui;
Animés par ses souffrances,
Vivez et mourez pour lui.

Dans un jardin solitaire,
Il sent de rudes combats;

Il prie, il craint, il espère;
Son cœur veut et ne veut pas.
Tantôt la crainte est plus forte,
Et tantôt l'amour plus fort;
Mais enfin l'amour l'emporte,
Et lui fait choisir la mort.

Judas, que la fureur guide,
L'aborde d'un air soumis;
Il l'embrasse, et ce perfide
Le livre à ses ennemis.
Judas, un pécheur t'imite,
Quand il feint de l'apaiser :
Souvent sa bouche hypocrite
Le trahit par un baiser.

On l'abandonne à la rage
De cent tigres inhumains;
Sur son aimable visage
Les soldats portent leurs mains.
Vous deviez, anges fidèles,
Témoins de ces attentats,
Ou le mettre sous vos ailes.
Ou frapper tous ces ingrats.

Ils le traînent au grand-prêtre,
Qui seconde leur fureur,
Et ne veut le reconnaître
Que pour un blasphémateur.
Quand il jugera la terre,
Ce Sauveur aura son tour;
Aux éclats de son tonnerre
Tu le connaîtras un jour.

Tandis qu'il se sacrifie,
Tout conspire à l'outrager.
Pierre lui-même l'oublie,
Et le traite d'étranger.
Mais Jésus perce son âme

D'un regard tendre et vainqueur,
Et met d'un seul trait la flamme
Le repentir dans son cœur.

Chez Pilate, on le compare
Au dernier des scélérats :
Qu'entends-je ? ô peuple barbare !
Tes cris sont pour Barabbas ;
Quelle indigne préférence !
Le juste est abandonné ;
On condamne l'innocence,
Et le crime est pardonné !

On le dépouille, on l'attache ;
Chacun arme son courroux :
Je vois cet agneau sans tache
Tombant presque sous les coups :
C'est à nous d'être victimes ;
Arrêtez, cruels bourreaux !
C'est pour effacer vos crimes
Que son sang coule à grands flots.
Une couronne cruelle
Perce son auguste front :
A ce chef, à ce modèle,
Mondains, vous faites affront.
Il languit dans les supplices,
C'est un homme de douleurs :
Vous vivez dans les délices,
Vous vous couronnez de fleurs.

Il marche, il monte au Calvaire,
Chargé d'un infâme bois :
De là, comme d'une chaire,
Il fait entendre sa voix :
Ciel, dérobe à la vengeance
Ceux qui m'osent outrager.
C'est ainsi, quand on l'offense,
Qu'un chrétien doit se venger.

Une troupe mutinée

L'insulte et crie à l'envi :
S'il changeait sa destinée,
Oui, nous croirions tous en lui.
Il peut la changer sans peine,
Malgré vos nœuds et vos clous;
Mais le nœud qui seul l'enchaîne,
C'est l'amour qu'il a pour nous.

Ah ! de ce lit de souffrance,
Seigneur, ne descendez pas ;
Suspendez votre puissance,
Restez-y jusqu'au trépas.
Mais tenez votre promesse
Attirez-nous après vous;
Pour prix de votre tendresse,
Puissions-nous y mourir tous !

Il expire, et la nature
Dans lui pleure son auteur ;
Il n'est point de créature
Qui ne marque sa douleur.
Un spectacle si terrible
Ne pourra-t-il me toucher ?
Et serai-je moins sensible
Que n'est le plus dur rocher !

INVITATION AUX CRÉATURES DE LOUER LE SEIGNEUR,

AIR : *Quand le péril est agréable.*

BÉNISSEZ le Seigneur suprême,
Petits oiseaux, dans vos forêts :
Dites sous ces ombrages frais :
Dieu mérite qu'on l'aime.

Triste

Triste et plaintive tourterelle,
Bénissez Dieu, rien n'est si doux;
Je devrais plus gémir que vous,
   Car je suis moins fidèle.

Paissez, moutons, en assurance,
Et bénissez le bon pasteur:
Voit-il en moï votre douceur ?
   Ah ! quelle différence !

Entre ces deux rives fleuries,
Bénissez Dieu, petit ruisseau;
Tout passe, hélas ! comme votre eau
   Passe dans les prairies.

Dans ces beaux lieux tout est fertile,
J'y vois des fruits, j'y vois des fleurs;
Je le dis en versant des pleurs :
   Je suis l'arbre stérile.

Charmantes fleurs, un jour voit naître
Et mourir cet éclat si doux;
Je mourrai bientôt après vous,
   Plus tôt que vous peut-être.

Tonnerre, éclairs, bruyante foudre,
Marquez son pouvoir, sa grandeur;
Dieu peut confondre le pecheur,
   Et le réduire en poudre.

Comme le cerf court aux fontaines,
Pressé de soif et de chaleur,
Ainsi je cours à vous, Seigneur;
   Adoucissez mes peines.

Dieu tout-puissant, en qui j'espère,
Soyez toujours mon protecteur;
Je suis un ingrat, un pécheur;
   Mais vous êtes mon père.

LES ENFANS S'INVITENT MUTUELLEMENT A REMERCIER LE SEIGNEUR.

Air récent.

TOUS ENSEMBLE.

Célébrons ce grand jour par des chants d'allégresse,
    Nos vœux sont enfin satisfaits ;
Bénissons le Seigneur, publions sa tendresse,
    Chantons, exaltons ses bienfaits.

    Pour nous, tout pécheurs que nous sommes,
    Il descend des cieux en ce jour :
    C'est parmi les enfans des hommes
    Qu'il aime à fixer son séjour.

    Chantons sous cette voûte antique
    Le Dieu qui règne sur nos cœurs ;
    Célébrons, par un saint cantique,
    Et notre amour et ses faveurs.   *(bis.)*

I.er CHŒUR.

O filles de Sion, que cette auguste enceinte
    Retentisse de vos concerts ;
Ces lieux sont tout remplis de la majesté sainte
    Du Dieu puissant de l'univers.

    Bon père, à des enfans qu'il aime
    (Cieux, admirez tant de bonté !)
    Il donne, en se donnant lui-même,
    Le pain de l'immortalité.
    Chantons, etc.

II.e CHŒUR.

Comme nous, en ce jour, nourris du pain des anges,
    Bénissez-le, jeunes chrétiens ;

Chantons-le tour à tour, répétons les louanges
Du Dieu qui nous comble de biens.

Bon pasteur, aux meilleurs herbages
Il conduit ses jeunes agneaux ;
Il les mène aux plus frais ombrages,
Il les mène aux plus claires eaux.
Chantons, etc.

Ier Chœur.

Ta parole est, Seigneur, plus douce à mon oreille
Que l'instrument le plus flatteur ;
Ta parole est pour moi ce qu'à la jeune abeille
Est le suc de la tendre fleur.

Trois fois heureuse la famille
Fidèle aux lois que tu prescris ;
Où la mère en instruit sa fille,
Où le père en instruit son fils.
Chantons, etc.

IIe Chœur.

Loin des traits du chasseur, la colombe timide
Cherche le repos des déserts :
J'ai cherché le repos dans le temple où réside
Le Dieu bienfaisant que je sers.

Sous les tentes des grands du monde,
Courez, peuple aveugle et pécheur ;
Moi, j'ai choisi la paix profonde
Des tabernacles du Seigneur.

Ier Chœur.

Dieu, que je crains ce monde, où les plaisirs, les
vices
De toutes parts vont m'assiéger !
O toi, qui de mon cœur as reçu les prémices,
Veille sur lui dans le danger.

De tes saints préceptes, d'avance,
Munis-le comme d'un rempart;
Entoure mon adolescence
De la sagesse du vieillard.
    Chantons, etc.

IIe CHŒUR.

Loin de moi ces faux biens que les mondains ché-
    rissent,
    Et dont l'éclat est si trompeur!
Périssables humains, sur des biens qui périssent
    Comment fonder notre bonheur?

Il se dérobe à la poursuite,
Et dès qu'on l'avait cru saisir,
Le temps l'emporte dans sa fuite,
Et nous laisse le repentir.
    Chantons, etc.

Ier CHŒUR.

La course des méchans, plus fugitive encore,
    Les précipite vers leur fin;
Je les vis redoutés à ma première aurore,
    Et je les cherche à mon matin.

Tel que dans les champs qu'il inonde,
S'engloutit un torrent fangeux,
Un moment ils troublent le monde,
Et leurs noms meurent avec eux.
    Chantons, etc.

IIe CHŒUR.

Bien plus heureux, Seigneur, qui marche à ta lu-
    mière,
    Sur ta loi réglant tous ses pas,
Et qui, dans l'innocence, achevant sa carrière,
    S'endort paisible entre tes bras:

Son nom, qui fleurit d'âge en âge,
D'un doux parfum répand l'odeur,
De la terre il reçoit l'hommage,
Du ciel il goûte le bonheur.
  Chantons, etc.

Ier Chœur.

Je n'ai formé qu'un vœu, que mon Dieu l'accom-
          plisse,
    Puissé-je, au pied de ses autels,
Fidèle adoratenr, passer à son service
    Le reste de mes jours mortels !

  Que sa demeure me soit chère,
  Qu'elle plaise à mon cœur épris,
  Comme la maison d'un bon père
  Au cœur sensible d'un bon fils.
    Chantons, etc.

IIe Chœur.

O toi, qu'avec frayeur le chérubin contemple,
    Et qui t'abaisses jusqu'à moi ;
Qui du cœur d'un enfant aujourd'hui fais ton temple,
    Quand les cieux tremblent devant toi !

  Ah ! puissé-je, avant qu'infidèle,
  Je perde un si cher souvenir,
  Mourir comme la fleur nouvelle
  Cueillie avant de se flétrir !
    Chantons, etc.

Tous ensemble.

Oui, Seigneur, désormais rangés sous ton empire,
    Nous y voulons vivre et mourir ;
Mais ce vœu, que l'amour aujourd'hui nous ins-
          pire,
    Pouvons nous sans toi l'accomplir ?

C'est toi qui nous donnas la vie,
Que ta grâce en règle le cours;
Que ta loi, constamment suivie,
Console enfin nos derniers jours.
Chantons, etc.

CANTIQUE D'ACTIONS DE GRACES.

CHANTONS en ce jour
Jésus et sa tendresse extrême;
Chantons en ce jour
Et ses bienfaits et son amour.
Il a daigné lui-même
Descendre dans nos cœurs;
De ce bonheur suprême
Célébrons les douceurs! Chantons, etc.

O Dieu de grandeur!
Plein de respect, je vous révère,
O Dieu de grandeur!
J'adore dans vous mon Seigneur.
Si ce profond mystère
Vient éprouver ma foi,
C'est l'amour qui m'éclaire
Et vous découvre en moi. O Dieu, etc.

Mon divin époux,
Mon âme à vous seul s'abandonne;
Mon divin époux,
Mon âme n'a d'espoir qu'en vous.
Que l'enfer gronde et tonne,
Qu'il s'arme de fureur;
Il n'a rien qui m'étonne,
Jésus est dans mon cœur. Mon divin, etc.

Aimons le Seigneur,
Ne cherchons jamais qu'à lui plaire ;
Aimons le Seigneur,
Il fera seul notre bonheur.
Ami le plus sincère,
Généreux bienfaiteur,
Il est plus, il est père :
Donnons-lui notre cœur. Aimons, etc.

Pour tous vos bienfaits,
Que vous offrir, ô divin maître ?
Pour tous vos bienfaits,
Je me donne à vous pour jamais.
En moi je sentis naître
Les transports les plus doux,
Quand je pus vous connaître
Et m'attacher à vous.   Pour tous, etc.

O Dieu tout-puissant,
Par ta divine providence,
O Dieu tout-puissant,
Conserve mon cœur innocent.
Dès la plus tendre enfance
Tu guidas tous mes pas ;
Soutiens mon innocence,
Couronne mes combats.   O Dieu, etc.

HYMNE DU SACRÉ COEUR.

Cœur sacré de Jésus, daigne inspirer mes chants,
Subjuguer tout mon cœur et consacrer mes sens :
De Dieu le sanctuaire, asile des humains.
Présente-lui pour nous (*bis*) tes hommages divins.

Tous les cœurs réunis du reste des mortels
Auraient en vain sans toi brûlé sur tes autels ;

Toi seul pouvais l'aimer ; à ce Dieu bienfaiteur
Toi seul pouvais offrir (*bis*) l'hommage de ton cœur.

Dans des jours ténébreux, lorsque les cœurs
    ingrats
Déshonoraient un Dieu qu'il ne connaissaient pas,
Ta bienfaisante main déchira leur bandeau,
Tou cœur du saint amour (*bis*) ralluma le flambeau.

Comme au printemps on voit aux rayons du matin
Un beau lis au milieu d'un superbe jardin ;
Il élève son front sur les humides fleurs,
Et mêle à leurs parfums (*bis*) ses suaves odeurs ;

Tel du sein de Jésus le feu d'un saint amour
S'élevait de la terre au céleste séjour :
Mais Dieu n'était point seul l'objet de ses ardeurs,
Et sa flamme sacrée (*bis*) embrâsait tous les cœurs.

Combien il aimait l'homme ! Il lui donne la paix ;
Il va dans tous les lieux répandant ses bienfaits :
Il veut gagner leurs cœurs, et les hommes ingrats
Préparaient pour son cœur (*bis*) le glaive du trépas !

Au jardin solitaire il frémit de terreur,
Expiant nos plaisirs il s'ouvre à la douleur ;
Sur son cœur oppressé pèsent tous nos forfaits,
Dans son cœur transpercé (*bis*) s'enfoncent tous les
    traits.

Il s'entr'ouvre, il s'épanche, et le fer dans son flanc
Epuise sur la Croix les restes de son sang :
Immole-toi, mon cœur, par un juste retour,
Ou par l'amour du moins (*bis*) reconnais son amour.

Cœur sacré, sur l'autel sacrifié pour nous,
De ton Père irrité tu calmes le courroux ;
De la vie avec nous tu portes le fardeau ;
Tu descends avec nous (*bis*) dans la nuit du tom-
    beau.

A ton culte, Jésus, je me voue en ce jour ;
Cœur sacré ; je te jure un immortel amour :
Sois toujours mon appui, sois toujours mon bon-
　　heur,
Ah ! soutiens ma faiblesse *(bis)* et règne sur mon
　　cœur.

————

REGRETS AMERS DU PÉCHEUR.

Air : *Comment goûter quelque repos.*

Comment goûter quelque repos
Dans les tourmens d'un cœur coupable !
Loin de vous, ô Dieu tout aimable,
Tous les biens ne sont que des maux.
J'ai fui la maison de mon père,
A la voix d'un monde enchanté :
Il promet la félicité,
Mais il n'enfante que misère.　　　　　　*(bis.)*

Vois, me disait il, vois le temps
Emporter ta belle jeunesse.
Tu cueilles l'épine qui blesse,
Au lieu des roses du printemps.
Le perfide, pour ma ruine,
Cachait l'épine sous les fleurs ;
Mais vous, ô Dieu plein de douceurs,
Vous cachez les fleurs sous l'épine.　　*(bis.)*

Créateur justement jaloux,
Ah ! voyez ma douleur profonde :
Ce que j'ai souffert pour le monde,
Si je l'avais souffert pour vous !....
J'ai poursuivi dans les alarmes
Le fantôme des vains plaisirs :
Ah ! j'ai semé dans les soupirs,
Et je moissonne dans les larmes.　　　*(bis).*

Qui me rendra de la vertu
Les douces, les heureuses chaînes ?
Mon cœur, sous le poids de ses peines,
Succombe et languit abattu.
J'espérais, ô triste folie!
Vivre tranquille et criminel ;
J'oubliais l'oracle éternel :
Il n'est point de paix pour l'impie.   (*bis.*)

De mon abîme, ô Dieu clément;
J'ose t'adresser ma prière.
Cesses-tu donc d'être mon père,
Si je fus un indigne enfant ?
Hélas ! le lever de l'aurore
Aux pleurs trouve mes yeux ouverts,
Et la nuit couvre l'univers,
Que mon âme gémit encore.   (*bis.*)

A peine a brillé ma raison,
Qu'à ton amour j'ai fait outrage :
J'ai dissipé ton héritage,
J'ai déshonoré ta maison ;
Je n'ose demander ma place,
Ni prendre le nom de ton fils :
Parmi tes serviteurs admis,
A ta bonté je rendrai grâce.   (*bis.*)

Mais, quelle voix!.... qu'ai-je entendu?
« D'instrumens que l'air retentisse,
« Que le ciel lui-même applaudisse;
« Mon cher fils enfin m'est rendu. »
Dieu ! je vois mon père, il s'empresse ;
L'amour précipite ses pas :
Il veut me serrer dans ses bras,
Baigné des pleurs de sa tendresse.   (*bis.*)

Ce père tendre et plein d'amour,
Mon âme, c'est ton Dieu lui-même.
En fait-il assez pour qu'on l'aime?
Sois fidèle enfin sans retour.

Que ta bonté, Seigneur, efface
Les jours où j'oubliai ta loi !....
Un pécheur qui revient à toi
Est le chef-d'œuvre de ta grâce.   *(bis.)*

BÉNÉDICTION.

Dans ce profond mystère,
Où je ne puis te voir,
Grand Dieu, je te révère,
Tu fais tout mon espoir ;
Mais après cette vie,
Divine Eucharistie,
Nourris du pain de ton amour,
Dans la cité chérie
Nous te verrons un jour.

Ah ! puisse ma tendresse
Obtenir de ton cœur
La divine sagesse
Qui mène au vrai bonheur ;
Mais etc'

Que tout à moi s'unisse
Pour chanter tes bienfaits ;
Que ta bonté bénisse
Mes vœux et mes souhaits ;
Mais, etc.

Sur nous daigne répandre
Tes bénédictions,
Et fais nous bien comprendre
La grandeur de tes dons.
Mais, etc..

Seigneur, que je partage
Le pain de cet autel,

Et qu'il me soit le gage
D'un bonheur éternel.
Mais, etc.

———————

Aïr de *Joseph.*

Dans nos cités, dans le bocage,
Partout où je porte mes pas,
Mon œil voit la fidèle image
Et de la vie et du trépas.
Mais mon cœur, plus souvent encore,
Plein d'un amour religieux,
Retrouve le Dieu que j'adore
Dans la nature et dans les cieux.

Encore une aurore nouvelle
Dont il m'allume le flambeau.
Mais combien cette nuit cruelle
Vient d'en plonger dans le tombeau !
Et moi, je revois la lumière !
O Dieu, qui me donnes ce jour,
Reçois l'encens de ma prière,
Reçois les vœux de mon amour.

Et moi, si le Ciel plus propice
M'assigne un plus noble destin ;
Si du glaive de sa justice
Il doit un jour armer ma main ;
Si, ministre de sa puissance,
Au peuple je dois mes secours,
Dans la mollesse et l'ignorance
Puis-je couler mes plus beaux jours ?

C'en est fait, mon Dieu, ma prière,
Sur ce trône de ton amour,
T'offre, au retour de la lumière,
Les prémices de ce beau jour.

Au doux parfum des fleurs brillantes,
Aux concerts des tendres oiseaux,
Aux labeurs des plaines bruyantes
J'unis mes chants et mes travaux.

Comme une timide colombe
Devant son cruel ennemi,
Comme un jeune cep qui succombe,
Mon cœur a besoin d'un appui.
L'enfer, le monde, un cœur rebelle,
Si tout a juré mon trépas,
O Dieu, couvre-moi de ton aile,
Daigne me porter dans tes bras.

Que je respecte ta loi sainte,
Que je chérisse la pudeur!
Lieu sacré, que dans ton enceinte
Je goûte mon plus doux bonheur!
Dieu puissant, protège la France,
Sous nos Bourbons toujours heureux,
Et tous ceux qui sur notre enfance
Prodiguent leurs soins généreux!

CHARMES DE LA MODESTIE.

Descends des cieux, aimable modestie;
Viens, viens régner par tes chastes attraits:
Si Babylone et t'outrage et t'oublie,
Nos cœurs du moins ne t'oublîront jamais. (*bis.*)

Sainte pudeur, comment peindre tes charmes?
L'âme innocente est en paix sous ta loi:
Le méchant cède à tes puissantes armes;
La beauté même est plus belle avec toi. (*bis.*)

Loin, loin d'ici, trop coupables parures;
Nos anges saints fuiraient de toutes parts....
De Dieu sur nous, vertu des ames pures,
Fixe toujours l'amour et les regards.   *(bis.)*

SUR LE JUGEMENT DERNIER.

Air : *Partez, puisque Mars, etc.*

Dieu va déployer sa puissance ;
Le temps comme un songe s'enfuit.
Les siècles sont passés, l'éternité commence,
Le monde va rentrer dans l'horreur de la nuit :
        Dieu, etc.

J'entends la trompette effrayante ;
Quel bruit ! quels lugubres éclairs ?
Le Seigneur a lancé la foudre étincelante,
Et ses feux dévorans embrasent l'univers.
        J'entends, etc.

Les monts foudroyés se renversent,
Les êtres sout tous confondus :
La mer ouvre son sein, les ondes se dispersent,
Tout est dans le chaos, et la terre n'est plus.
        Les monts, etc.

Sortez des tombeaux, ô poussière,
Dépouille des pâles humains :
Le Seigneur vous appelle, il vous rend la lumière ;
Il va sonder les cœurs, et fixer vos destins.
        Sortez, etc.

Il vient : tout est dans le silence ;
Sa croix porte au loin la terreur :
Le pécheur consterné frémit à sa présence,
Et le juste lui-même est saisi de frayeur.
        Il vient, etc.

Assis sur un trône de gloire,
Il dit : Venez, ô mes élus !
Comme moi vous avez remporté la victoire,
Recevez de mes mains le prix de vos vertus.
Assis, etc.

Tombez dans le sein des abîmes,
Tombez, pécheurs audacieux ;
De mon juste courroux, immortelles victimes,
Vils suppôts des démons, vous brûlerez comme eux.
Tombez, etc.

Vous n'êtes plus, vaines chimères,
Objets d'un sacrilége amour :
Fléau du genre humain, oppresseurs de vos frères,
Héros tant célébrés, qu'êtes-vous dans ce jour?
Vous n'êtes, etc.

Triste éternité de supplices,
Tu vas donc commencer ton cours?
De l'heureuse Sion, ineffables délices,
Bonheur, gloire des saints, vous durerez toujours.
Triste éternité, etc.

Grand Dieu, qui sera la victime
De ton implacable fureur?
Quel noir pressentiment me tourmente et m'op-
prime !
La crainte et les remords me déchirent le cœur.
Grand Dieu, etc.

De tes jugemens, Dieu sévère,
Pourrai-je subir les rigueurs ?
J'ai péché, mais ton sang désarme ta colère;
J'ai péché, mais mon crime est éteint par mes pleurs.
De tes jugemens, etc.

INVOCATION A L'ESPRIT - SAINT.

Air ancien. N° 75.

Esprit-saint, comblez nos vœux,
Embrasez nos âmes
Des plus vives flammes ;
Esprit-saint, comblez nos vœux,
Embrasez nos âmes
De vos plus doux feux.   Esprit, etc.

Seul auteur de tous les dons,
De vous seul nous attendons
Tout notre secours,
Dans ces saints jours.   Esprit, etc.

Sans vous, en vain, du don des cieux
Les rayons précieux
Brillent à nos yeux;
Sans vous, notre cœur
N'est que froideur.   Esprit, etc.

Voyez notre aveuglement,
Nos maux, notre égarement ;
Rendez-nous à vous,
Et changez-nous.   Esprit, etc.

Sur nos esprits, Dieu de bonté,
Répandez la clarté
Et la vérité ;
Préparez nos cœurs
A vos faveurs.   Esprit, etc.

Donnez-nous ces purs désirs,
Ces pleurs saints, ces vrais soupirs,
Qui des grands pécheurs
Changent les cœurs.   Esprit, etc.

Donnez-nous la docilité,
Le don de pureté

Et de piété
L'Esprit de candeur
Et de douceur.   Esprit, etc.

Étouffez notre tiédeur,
Réchauffez notre faveur;
Rassurez nos pas
Dans nos combats.   Esprit, etc.

Sanctifiez nos jours naissans,
Et nos jours florissans,
Et nos derniers ans;
Que tous nos instans
Soient innocens.   Esprit, etc.

DÉSIRS DU CIEL.

Faux plaisirs, vains honneurs, biens frivoles,
Écoutez aujourd'hui nos adieux;
Trop long-temps vous fûtes nos idoles,
Trop long-temps vous charmâtes nos yeux.
Faux plaisirs, vains honneurs, biens frivoles,
Écoutez aujourd'hui nos adieux.

Loin de nous la fatale espérance
De trouver en vous notre bonheur;
Avec vous heureux en apparence,
Nous portons le chagrin dans le cœur. Loin, etc.

Enchantés d'une gloire plus belle,
C'est au Ciel que tendent nos désirs;
Dans le Ciel toujours fêtes nouvelles;
Avec Dieu toujours nouveaux plaisirs. Enchantés

Enivré de douceurs ineffables,
On jouit de la divinité;
On bénit ses bontés adorables,
On partage sa félicité.   Enivré, etc.

Beau séjour des clartés immortelles,
Montrez-vous, contentez vos souhaits;
Ici-bas les peines sont réelles,
Les plaisirs n'ont que de vains attraits. Beau, etc.

LES AVANTAGES DE LA FERVEUR,

Air connu.

Goutez, âmes ferventes,
Goûtez votre bonheur;
Mais demeurez constantes
Dans votre sainte ardeur.
Heureux le cœur fidèle
Où règne la ferveur!
On possède avec elle
Tous les dons du Seigneur.   (*bis.*)

Elle est le vrai partage
Et le sceau des élus;
Elle est l'appui, le gage
Et l'âme des vertus.   Heureux, etc.

Par elle, la foi vive
S'allume dans les cœurs,
Et sa lumière active
Guide et règle nos mœurs. Heureux, etc.

Par elle l'espérance
Ranime ses soupirs,
Et croit jouir d'avance
Des célestes plaisirs.   Heureux, etc.

Par elle, dans les âmes
S'accroît, de jour en jour,
L'activité des flammes
Du pur et saint amour.   Heureux, etc.

C'est sa vertu puissante
Qui garantit nos sens
De l'amorce attrayante
Des plaisirs séduisans.   Heureux; ete.

C'est sous sa vigilance
Que l'esprit et le cœur
Gardent leur innocence,
Et l'aimable pudeur.   Heureux, etc.

C'est elle qui de l'âme
Dévoile la grandeur,
Et le zèle s'enflamme
Par sa vive chaleur.   Heureux, etc.

De l'âme pénitente
Elle adoucit les pleurs,
Et de l'âme souffrante
Elle éteint les douleurs. Heureux; etc.

Celui qui fut docile
A vivre sous ses lois,
Courut d'un pas agile
La route de la croix.   Heureux, etc.

Par elle, du martyre
Les sanglantes rigueurs
Au cœur qui le désire
N'offrent que des douceurs. Heureux, etc.

Elle est, pour qui seconde
Ses généreux efforts,
Une source féconde
De célestes trésors.   Heureux, etc.

Une larme sincère,
Un seul soupir du cœur
Par elle a de quoi plaire
Aux regards du Seigneur. Heureux, etc.

C'est elle qui prépare
Tous ces traits de beauté
Dont la main de Dieu pare
Les saints dans sa clarté.   Heureux, etc.

Sous ses heureux auspices
On goûte les bienfaits,
Les charmes, les délices
De la plus douce paix.   Heureux, etc.

Mais, sans sa vive flamme,
Tout déplait, tout languit,
Et la beauté de l'âme
Se fane et dépérit.
Heureux le cœur fidèle
Où règne la ferveur !
On n'a part qu'avec elle
Aux saints dons du Seigneur.   (bis.)

REGRETS D'AVOIR TARDÉ SI LONG-TEMS D'AIMER LE SEIGNEUR.

Air nouveau.

GRACE, grâce, suspens l'arrêt de tes vengeances,
Et détourne un moment tes regards irrités ;
J'ai péché, mais je pleure ; oppose à mes offenses,
Oppose a leur grandeur celle de tes bontés.

Je sais tous mes forfaits, j'en connais l'étendue :
En tous lieux, à toute heure, ils parlent contre moi ;
Par tant d'accusateurs mon âme confondue
Ne prétend pas contre eux disputer devant toi.

Tu m'avais par la main conduit dès ma naissance,
Sur ma faiblesse en vain je voudrais m'excuser ;
Tu m'avais fait, Seigneur, goûter ta connaissance ;
Mais, hélas ! de tes dons je n'ai fait qu'abuser.

De tant d'iniquités la foule m'environne :
Fils ingrat, cœur perfide, en proie à mes remords,
La terreur me saisit, je frémis, je frissonne ;
Pâle, et les yeux éteints, je descends chez les morts.

Ma voix sort du tombeau ; c'est du fond de l'abîme
Que j'élève vers toi mes douloureux accens :
Fais monter jusqu'au pied de ton trône sublime
Cette mourante voix et ces cris languissans.

O mon Dieu ! quoi ! ce nom, je le prononce encore !
Non, non, je t'ai perdu, j'ai cessé de t'aimer,
O juge qu'en tremblant je supplie et j'adore ;
Grand Dieu, d'un nom plus doux je n'ose te nommer.

Dans les gémissemens, l'amertume et les larmes,
Je repasse des jours perdus dans les plaisirs ;
Et voilà tout le fruit de ces jours pleins de charmes :
Un souvenir affreux, la honte et les soupirs.

Ces soupirs devant toi sont ma seule défense ;
Par eux un criminel espère t'attendrir.
N'as-tu pas un trésor de grâce et de clémence ?
Dieu de miséricorde, il est temps de l'ouvrir.

Où fuir, où me cacher, tremblante créature,
Si tu viens en courroux pour compter avec moi ?
Que dis-je ? Être infini, ta grandeur me rassure,
Trop heureux de n'avoir à compter qu'avec toi.

Près d'une majesté si terrible et si sainte,
Que suis-je ? un vil roseau : voudrais-tu le briser ?
Hélas ! si du flambeau la clarté s'est éteinte,
La mèche fume encor, voudrais-tu l'écraser ?

Que l'homme soit pour l'homme un juge inexorable :
Où l'esclave aurait-il appris à pardonner ?
C'est la gloire du maître : absoudre le coupable
N'appartient qh'à celui qui peut le condamner.

Tu le peux : mais souvent tu veux qu'il te désarme :
Il te fait violence, il devient ton vainqueur :
Le combat n'est pas long, il ne faut qu'une larme ;
Que de crimes efface une larme du cœur !

Jamais de toi grand Dieu, tu nous l'as dit toi-même,
Un cœur humble et contrit ne sera méprisé.
Voilà le mien : regarde, et reconnais qu'il t'aime ;
Il est digne de toi, la douleur l'a brisé.

Si tu le ranimais de sa première flamme,
Qu'il reprendrait bientôt sa joie et sa vigueur !
Mais non, fais plus pour moi, renouvelle mon âme,
Et daigne dans mon sein créer un nouveau cœur.

De mes forfaits alors je te ferai justice,
Et ma reconnaissance armera ma rigueur ;
Tu peux me confier le soin de mon supplice,
Je serai contre moi mon juge et ton vengeur.

Le châtiment au crime est toujours nécessaire ;
Ma grâce est à ce prix, il faut la mériter :
Je te dois, je le sais, je te veux satisfaire ;
Donne-moi seulement le temps de m'acquitter.

Ah ! plus heureux celui que tu frappes en père !
Il connaît ton amour par ta sévérité ;
Ici bas, quels que soient les coups de ta colère,
L'enfant que tu punis n'est pas déshérité.

Coupe, brûle ce corps, prends pitié de mon âme ;
Frappe, fais-moi payer tout ce que je te doi ;
Arme-toi, dans le temps, du fer et de la flamme,
Mais dans l'éternité, Seigneur, épargne-moi.

Quand j'aurais à tes lois obéi dès l'enfance,
Criminel en naissant, je ne dois que pleurer ;
Pour retourner à toi, la route est la souffrance,
Loi triste, route affreuse.... entrons sans murmurer.

De la main de ton Fils je reçois le calice ;
Mais je frémis, je sens ma main prête à trembler :
De ce trouble honteux mon cœur est-il complice ?
Je suis le criminel, voudrais-je reculer ?

C'est ton fils qui le tient ; que ma foi se rallume ;
Il en a bu lui-même, oserais-je en douter ?
Que dis-je ? il en a bu la plus grande amertume,
Il m'en laisse le reste, et je n'ose en goûter,

Je me jette à tes pieds, ô croix, chaire sublime,
D'où l'homme de douleurs instruit tout l'univers ;
Saint autel où l'amour embrase la victime ;
Arbre où mon rédempteur a suspendu mes fers.

Drapeau du souverain, qui marche à notre tête,
Tribunal de mon juge, et trône de mon roi ;
Char du triomphateur dont je suis la conquête,
Lit où j'ai pris naissance, il faut mourir pour toi !

SENTIMENS DE CONTRITION D'UN ENFANT

A LA VIELLE DE SA PREMIÈRE COMMUNION.

Air languedocien.

Hélas !
Quelle douleur
Remplit mon cœur,
Fait couler mes larmes !
Hélas !
Quelle douleur
Remplit mon cœur
De crainte et d'horreur !
Autrefois,
Seigneur, sans alarmes,
De tes lois

Je goûtai les charmes :
    Hélas !
  Vœux superflus,
  Beaux jours perdus,
Vous ne serez plus !....

    La mort
  Déjà me suit ;
  O triste nuit !
Déjà je succombe.
    La mort
  Déjà me suit ;
  Le monde fuit ;
Tout s'évanouit.
    Je la vois
  Entr'ouvrant ma tombe,
    Et sa voix
  M'appelle, et j'y tombe.
    O mort !
  Cruelle mort !
  Si jeune encor !
Quel funeste sort !....

    Frémis,
  Ingrat pécheur,
  Un Dieu vengeur,
D'un regard sévère ;
    Frémis,
  Ingrat pécheur,
  Un Dieu vengeur
Va sonder ton cœur.
    Malheureux !
  Entends son tonnerre ;
    Si tu peux,
  Soutiens sa colère.
    Frémis,
  Seul aujourd'hui,
  Sans nul appui,

Perais

Parais devant lui.

Grand Dieu !
Quel jour affreux
Luit à mes yeux !
Quel horrible abîme !
Grand Dieu !
Quel jour affreux
Luit à mes yeux !
Quels lugubres feux !
Oui, l'enfer,
Vengeur de mon crime,
Est ouvert,
Attend sa victime.
Grand Dieu !
Quel avenir !
Pleurer, gémir,
Toujours te haïr !

Beau ciel !
Je t'ai perdu,
Je t'ai vendu
Pour de vains caprices.
Beau ciel !
Je t'ai perdu,
Je t'ai vendu ;
Regret superflu !
Loin de toi,
Toutes tes délices
Sont pour moi
De nouveaux supplices.
Beau ciel !
Toi que j'aimais,
Qui me charmais,
Ne te voir jamais !....

O vous,
Enfans pieux,
Toujours joyeux

Et pleins d'espérance !
O vous,
Enfans pieux,
Toujours joyeux,
Moi seul malheureux !
J'ai voulu
Sortir de l'enfance ;
J'ai perdu
L'aimable innocence.
O vous,
Du ciel un jour
Heureuse cour !
Adieu, sans retour.

Non, non,
C'est une erreur :
Dans mon malheur,
Hélas ! je m'oublie.
Non, non,
C'est une erreur :
Dans mon malheur,
Je trouve un sauveur.
Il m'entend,
Me réconcilie ;
Dans son sang
Je reprends la vie.
Non, non,
Je l'aime encor,
Et le remord
A changé mon sort.

Jésus !
Manne des cieux,
Pain des heureux,
Mon cœur te réclame ;
Jésus !
Manne des cieux,
Pain des heureux !

Viens combler mes vœux.
Désormais,
Ta divine flamme,
Pour jamais
Embrase mon âme.
Jésus !
O mon Sauveur !
Fais de mon cœur
L'éternel bonheur.

BONHEUR DE CEUX QUI AIMENT DIEU.

Air connu.

Heureux qui goûte les doux charmes
De l'aimable et céleste amour !
Son cœur, d'une paix sans alarmes
Devient le tranquille séjour.
Esprit-saint, descends sur la terre,
Embrâse-la d'un si beau feu ;
Ah ! s'il est doux d'aimer un père,   (*bis.*)
Comment ne pas aimer un Dieu.   (*bis.*)

O vous que l'infortune afflige,
Ne craignez point votre douleur,
L'amour opère tout prodige,
Il change nos maux en bonheur.
   Esprit-saint, etc.

Je le sens, cet amour extrême,
Il me prévient de sa douceur,
Mais pour t'aimer, bonté suprême,
Non, ce n'est point assez d'un cœur.
   Esprit-saint, etc.

SUR LA CONTEMPLATION DES BEAUTÉS DE LA NATURE.

Air : *Je l'ai planté,* etc.

Heureux séjour de l'innocence,
Ruisseaux, vallons délicieux,
Chantons celui dont la puissance
Forma ces agréables lieux.   (*bis.*)

Il fait naître cette verdure,
Il l'embellit de mille fleurs;
Mais s'il pare ainsi la nature,
Ce n'est que pour gagner nos cœurs.   (*bis.*)

Dans cette aimable solitude,
Où tout semble fait pour charmer,
Je le sers sans inquiétude,
Et ne m'occupe qu'à l'aimer.   (*bis.*)

Sur un chêne de ce bocage
Je gravai son nom l'autre jour :
Le chêne croîtra d'âge en âge,
Avec lui croîtra mou amour,   (*bis.*)

L'astre brillant qui nous éclaire
Nourrit et ranime les fleurs;
Ainsi sa grâce salutaire
Echauffe et ranime nos cœurs.   (*bis.*)

Un lis brille sur ce rivage
Par son éclatante blancheur :
Heureux si ce lis est l'image
De la pureté de mon cœur !   (*bis.*)

Oiseaux, dont les chants pleins de charmes
Forment les plus tendres accens,
Je vous entendrai sans alarmes;
Tous vos concerts sont innocens.   (*bis.*)

Ruisseau, si je grossis ton onde,
Si j'y mêle souvent mes pleurs,
C'est que ta course vagabonde
Me fait songer à mes erreurs.   (*bis.*)

Cette abeille pique, et s'envole,
En laissant l'aiguillon vengeur.
Ainsi passe un plaisir frivole;
Il n'en reste que la douleur.   (*bis.*)

Paissez, agneaux, dans la prairie,
Et bénissez le bon pasteur :
Qu'on est paisible dans la vie
Lorsque l'on a votre douceur !   (*bis*).

SENTIMENS DE JOIE ET D'AMOUR APRÈS LA SAINTE COMMUNION.

J'ai mon âme
Toute de flamme
J'ai mon Sauveur
Au milieu de mon cœur;
Grâce, grâce, grâce à l'amour
Qui triomphe de mon cœur en ce jour.
Quel prodige !....
Un Dieu m'oblige;
Tous ses bienfaits
Surpassent mes souhaits;
Grâce, grâce, etc.
Puis-je dire,
Sans que j'expire,
J'ai dans mon sein
Mon Dieu, mon souverain;
Grâce, grâce, etc.

Ciel et terre :
Ah, quel mystère !

Le Saint des Saints
Se rabaisse à tel point;
Grâce, Grâce, etc.
    Grand Monarque,
  Ah, quelle marque
  De vos faveurs
Pour de pauvres pécheurs !
Grâce, grâce, etc.

    Pour vous suivre,
  Je ne veux vivre
  Qu'un seul instant,
Pour dire en soupirant :
  Grâce, grâce, etc.
Qui triomphe de mon cœur en ce jour.

IMITATION DU *SALVE REGINA.*

Je vous salue, auguste et sainte reine,
Dont la beauté ravit les immortels !
Mère de grâce, aimable souveraine,
Je me prosterne au pied de vos autels.   (*bis.*)

Je vous salue, ô divine Marie!
Vous méritez l'hommage de nos cœurs :
Après Jésus, vous êtes et la vie,
Et le refuge, et l'espoir des pécheurs.   (*bis.*)

Fils malheureux d'une coupable mère,
Bannis du ciel, les yeux baignés de pleurs,
Nous vous faisons, de ce lieu de misère,
Par nos soupirs entendre nos douleurs.   (*bis.*)

Ecoutez-nous, puissante protectrice :
Tournez sur nous vos yeux compatissans,

Et montrez-nous qu'à nos malheurs propice
Du haut des cieux vous aimez vos enfans.   (*bis.*)

O douce, ô tendre, ô pieuse Marie !
Vous dont Jésus mon Dieu reçut le jour,
Faites qu'après l'exil de cette vie,
Nous le voyions dans l'éternel séjour.   (*bis.*)

SUR LE RESPECT HUMAIN.

Jurons haine au respect humain,
Brisons cette idole fragile,
Sur ses débris que notre main
Elève un trône à l'Evangile.

Refrain.

Vive Jésus ! je crois, je suis chrétien ;
Censeurs, je vous méprise ;
Lancez, lancez vos traits, je ne crains rien,
Mon bras vainqueur les brise.

Chrétien, d'une vaine terreur
Serons-nous toujours la victime ?
Qu'il soit banni de notre cœur,
Le cruel tyran qui l'opprime.
Vive Jésus ! etc.

Sous le joug d'un monde censeur
Nous gémissons dès notre enfance ;
Recouvrons, vengeons notre honneur,
Proclamons notre indépendance.
Vive Jésus ! etc.

Partout flottent les étendards
Qu'arbore à nos yeux la licence ;
Faisons briller à ses regards

La bannière de l'innocence.
Vive Jésus! etc.

Tout Chrétien doit être un soldat
Rempli d'ardeur, né pour la gloire;
Quand son chef le mène au combat,
    Tremblant, il fuirait la victoire!...
Vive Jésus ! etc.

Tandis que sur le champ d'honneur
La valeur signale les braves,
On me verrait lâche et sans cœur,
    Traînant les chaînes des esclaves!....
Vive Jésus ! etc.

Quoi, vous rougissez, vils mortels,
Honteux d'être vus dans un temple ,
Adorant aux pieds des Autels
    Le grand Dieu que le Ciel contemple!
Vive Jésus! etc.

D'hommes contre vous impuissans
Vous redoutez les vains murmures!
Que feriez-vous si des tyrans
    Il fallait subir les tortures?
Vive Jésus! etc.

Ne profanez point ce saint lieu :
Allez, Chrétiens pusillanimes;
Qui tremble, trahira son Dieu :
    La faiblesse est mère des crimes.
Vive Jésus! etc.

Lâches déserteurs de la Foi,
Jésus-Christ commande à la foudre;
Vous osez abjurer sa loi!
    Vous n'êtes pas réduits en poudre!
Vive Jésus! etc.

Tremblez, audacieux mortels,
Dieu diffère votre sentence;

Ses arrêts seront éternels;
La justice aura sa vengeance.
Vive Jésus! etc.

Voyez sillonner les éclairs,
Entendez gronder le tonnerre;
Le Roi des Cieux est dans les airs;
Il descend pour juger la terre.
Vive Jésus! etc.

Venez, indignes apostats,
Jésus n'était pas votre maître.
Il va punir vos attentats;
Feindrez-vous de le méconnaître?
Vive Jésus! etc.

Pâles et palpitans d'effroi,
Pour fléchir sa juste colère,
Tombant aux pieds de ce grand Roi,
Vous vous écriez : ô mon Père!
Vive Jésus! etc.

Quand vous méconnaissiez ma voix,
Vous répond le Dieu du Calvaire;
Quand vous rougissiez de ma Croix,
Quel était alors votre père?
Vive Jésus! etc.

Esclaves du respect humain,
Allez dans le fond des abîmes;
Allez, maudits; sachez enfin
Quel fut le plus grand de vos crimes.
Vive Jésus! etc.

Seigneur, ton camp sera le mien,
Tant qu'il coulera dans mes veines
Quelques gouttes de sang chrétien;
Monde, tes menaces sont vaines.
Vive Jésus! etc.

Divin Roi, jusqu'à mon trépas

Mon cœur te restera fidèle ;
Puisse la Croix, guidant mes pas,
Me voir tomber, mourir près d'elle.
Vive Jésus ! etc.

Chrétiens, le signal est donné,
Hâtons-nous, courons à la gloire ;
L'heure du triomphe a sonné,
Le ciel nous promet la victoire.
Vive Jésus ! etc.

CANTIQUE DE MIDI.

Air : *Vous l'ordonnez, etc.*

L'ASTRE du jour, du haut de sa carrière,
De feux remplit l'immensité des cieux,   (*bis.*)
Un mot de Dieu du chaos ténébreux
A fait jaillir ces torrens de lumière.

Qu'il est brillant dans un ciel sans nuage !
Quel œil mortel peut soutenir ses feux ?   (*bis.*)
Du Dieu puissant qui règne dans les cieux,
Il n'est encore qu'une bien faible image.

Vers le couchant son cours se précipite,
Dans l'Océan il va cacher ses feux :   (*bis.*)
Emblême, hélas ! des mortels malheureux,
Vers le tombeau nous courons aussi vîte.

Bientôt la nuit va de ses sombres ailes
De la nature éclipser la beauté ;   (*bis.*)
D'un jour sans fin la brillante clarté
Doit succéder à nos clartés mortelles.

Méprisons donc le néant de ce monde,
Que tous nos vœux se portent vers le ciel.   (*bis.*)

Il n'est de paix qu'au sein de l'Éternel,
Du vrai bonheur c'est la source féconde.

RÉSOLUTIONS APRÈS LA St.e COMMUNION.

Air : *Charmantes fleurs, etc.*

Le monde, en vain, par ses biens, par ses charmes,
Veut m'engager à plier sous sa loi ;
Mais pour me vaincre il faut bien d'autres armes :
Je ne crains rien, Jésus est avec moi.   (bis.)

Venez, venez, fiers enfans de la terre,
Déchaînez-vous pour me remplir d'effroi.
Quand de concert vous me feriez la guerre,
Je ne crains rien, Jésus est avec moi.   (bis.)

Cruel Satan, arme-toi de ta rage ;
Que tes démons se liguent avec toi :
Tu ne pourras abattre mon courage ;
Je ne crains rien, Jésus est avec moi.   (bis.)

Non, non, jamais la mort la plus cruelle
Ne me fera trahir ce divin roi ;
Jusqu'au trépas je lui serai fidèle :
Je ne crains rien, Jésus est avec moi.   (bis.)

Que les enfers, les airs, la terre et l'onde
Conspirent tous à me remplir d'effroi ;
Quand je verrais sur moi crouler le monde,
Je ne crains rien, Jésus est avec moi.   (bis.)

Divin Jésus, mon unique espérance,
Vous pouvez tout ; oui, Seigneur, je le crois :
Augmentez donc pour vous ma confiance.
Je ne crains rien, Jésus est avec moi.   (bis.)

DANS LA DISTRIBUTION DES PRIX.

Air : *D'un époux chéri, etc.*

Le monde, par mille artifices,
Cherche à captiver votre cœur;
Jésus, pour faire son bonheur,
Vous en demande les prémices.
A qui votre cœur, en ce jour,
Donnera-t-il la préférence?

TOUS.

A Jésus seul tout mon amour :
Il veut être ma récompense.
Le fidèle verse des larmes
Que compte un ami généreux;
Il fuit des plaisirs dangereux,
Sources d'éternelles alarmes.
Mais dans son cœur, sans nul retour,
Habitent la paix, l'espérance.
   A Jésus seul, etc.

De roses couronnant sa tête,
Le mondain, libre en ses désirs,
Compte ses jours par ses plaisirs,
Se promène de fête en fête;
Mais dans l'éclat du plus beau jour,
Le remords le ronge en silence.
   A Jésus seul, etc.

Le chrétien sans cesse captive
Une chair rébelle à l'esprit;
Il s'immole avec Jésus-Christ,
Se fait la guerre la plus vive.
Sa fin est le soir d'un beau jour,
Et l'heure de sa délivrance.
   A Jésus seul, etc.

Contemplez l'impie en délire,
Disputant son âme à son Dieu,
Le corps glacé, mais l'œil en feu :
Le blasphême en sa bouche expire.
L'horreur de l'infernal séjour
Dans son cœur habite d'avance.
   A Jésus seul, etc.

Voilà donc les biens que tu donnes,
O monde, voilà donc ta paix !
La mort change en tristes cyprès
Les myrtes dont tu nous couronnes.
Ah ! reprends ton bonheur d'un jour,
Rends-moi l'immortelle espérance.
   A Jésus seul, etc.

Il viendra ce jour de victoire
Où paraîtront tous les élus,
Autour du trône de Jésus,
Couronnés d'amour et de gloire.
Heureux moment ! terrible jour !
Sois ma crainte et mon espérance.
   A Jésus seul, etc.

Il se lève. Oh ! quelle lumière !
Ciel ! dans quel état glorieux
Renaît un vile poussière !
La croix enfin brille à son tour,
La croix, mon unique espérance.
   A Jésus seul, etc.

La douleur, même la plus vive,
A peine un moment a blessé ;
Le monde et sa gloire ont passé
Ainsi qu'une ombre fugitive ;
Tout a fini dans un seul jour,
Le plaisir comme la souffrance.
   A Jésus seul, etc.

Dieu puissant, pour prix de son zèle,

Fais alors que le bon pasteur
Dans les plaines du vrai bonheur
Entre avec son troupeau fidèle.
Là, tous rediront tour à tour,
Transportés de reconnaissance :
A Jésus seul tout mon amour;
Il veut être ma récompense.

EXCELLENCE DU SAINT SACRIFICE.

Air : *L'encens des fleurs, etc.*

L'ENCENS divin embaume cet asile,
Qnels doux concerts ! quels chants mélodieux !
Mon cœur se tait, et mon âme est tranquille ;
La paix du Ciel habite dans ces lieux.
   O pain de vie !
   O mon Sauveur !
   L'ame ravie
  Trouve en vous son bonheur.

D'un sommeil pur versé sur ma paupière
Le calme heureux s'empare de mes sens ;
D'un jour plus beau j'entrevois la lumière :
Non, je ne puis dire ce que je sens.
  O pain de vie, etc.

Pour embellir le temple de mon ame,
Le Très-Haut daigne y fixer son séjour :
Je le possède ; il m'inspire, il m'enflâme ;
Je l'ai trouvé, je l'aime sans retour.
  O pain de vie, etc.

Que votre joug, ô Jésus, est aimable !
Que vos attraits sont saints et ravissants !
Vous m'enivrez d'une joie ineffable ;
Vous m'attirez par vos charmes puissans.
  O pain de vie, etc.

Je vous adore au-dedans de moi-même ;
Je vous contemple à l'ombre de la foi.
O Dieu, mon tout, ô Majesté suprême!
Je ne vis plus, mais Jésus vit en moi.
O pain de vie, etc.

Que vous rendrai-je, ô Sauveur plein de charmes,
Pour tous les dons que j'ai reçus de vous ?
Prenez ce cœur, et recueillez mes larmes,
Double tribut dont vous êtes jaloux.
O pain de vie, etc.

Vous qui prenez vos plus chères délices
Parmi les lis des cœurs purs et fervens ;
Mon bien-aimé, je mets sous vos auspices
Mes saints projets et mes vœux innocens.
O pain de vie, etc.

Je l'ai juré, je vous serai fidèle ;
Je vous promets un immortel amour,
Tant qu'à la nuit une aurore nouvelle
Succédera pour ramener le jour.
O pain de vie, etc.

Ah! que ma langue, immobile et glacée
En ce moment s'attache à mon palais,
Si dans mon cœur s'efface la pensée
De votre amour, comme de vos bienfaits.
O pain de vie, etc.

INVITATION A LA JEUNESSE CHRÉTIENNE
DE SE CONSACRER AU SEIGNEUR.

Air : *L'aurore vient de naître, etc.*

Le temps de la jeunesse
Passe comme une fleur ;

Hâtez-vous, le temps presse
Donnez-vous au Seigneur :
Tout se change en délices,
Quand on veut le servir;
Les plus grands sacrifices
Font les plus doux plaisirs.

N'attendez pas cet âge
Où les hommes n'ont plus
Ni force, ni courage
Pour les grandes vertus :
C'est faire un sacrifice
Qui vous a peu coûté,
Que de quitter le vice
Lorsqu'il n'est plus goûté.

Prévenez la viéillésse,
Cette triste saison;
Le temps de la jeunesse
Est un temps de moisson :
Le Sauveur nous menace
D'une fatale nuit,
Où, quoi que l'homme fasse,
Il travaille sans fruit.

Que de pleurs et de larmes
Il nous coûte au trépas;
Ce monde dont les charmes
Nous trompent ici-bas !
D'agréables promesses
Il nous flatte d'abord,
Par ses fausses caresses
Il nous donne la mort.

Si le monde t'offense,
Méprise son courroux;
Dieu veut la préférence,
Il s'en montre jaloux :
Si sa bonté suprême

A pour nous tant d'ardeur,
Il faut l'aimer de même,
Sans partager son cœur.

Eussiez-vous en partage
D'ici-bas l'or trompeur,
Serait-ce un avantage
Sans l'amour du Seigneur ?
Quelle folie extrême
De gagner l'univers,
Et s'exposer soi-même
Aux tourmens des enfers.

Quand plusieurs fois au crime
L'on ose consentir,
Hélas ! c'est un abîme
Dont on ne peut sortir :
Il n'est rien de plus rude
Que de se détacher
D'une longue habitude
Qu'on se fait de pécher.

Pourquoi tant vous promettre
De vivre longuement ?
Demain sera peut-être
Votre dernier instant :
Craignons que de la grâce
Dieu nous change le cours ;
Qu'un autre à notre place
Ne soit mis pour toujours.

————

SUR LA NAISSANCE ET L'ENFANCE DE LA SAINTE VIERGE.

Air : *L'encens des fleurs, ect.*

MÈRE de Dieu, quelle magnificence

Orne 'aujourd'hui ton aimable berceau !
Les anges saints veillent sur ton enfance.
Le ciel a-t-il un spectacle plus beau ?
  Tendre Marie,
  O mon bonheur !
  Toujours chérie,
 Tu vivras dans mon cœur.

Anges, soyez témoins de ma promesse
Cieux, écoutez ce serment solennel :
« Oui, c'en est fait, mon cœur plein de tendresse,
« Jure à Marie un amour éternel. »
  Tendre Marie, etc.

Si je devais, infidèle et volage,
Un seul moment cesser de te chérir,
Tranche mes jours à la fleur de mon âge :
Je t'en conjure, ah ! laisse-moi mourir.
  Tendre Marie, etc.

ASPIRATIONS ENVERS JÉSUS - CHRIST
AVANT LA COMMUNION.

Mon bien-aimé ne paraît pas encore :
Trop longue nuit, dureras-tu toujours ?
  Nuit que j'abhorre,
  Hâte ton cours ;
Rends-moi, Jésus, ma joie et mes amours ;
Pour être heureux, je n'attends que l'aurore.

De ton flambeau déjà les étincelles,
Astre du jour, raniment mes désirs :
  Tu renouvelles
  Tous mes soupirs.

Servez mes vœux; avancez mes plaisirs,
Anges du ciel, portez-moi sur vos ailes.

Je t'aperçois, asile redoutable,
Où l'Éternel descend de sa grandeur;
    Temple adorable
    Du Rédempteur,
Si dans tes murs il voile sa splendeur,
Ce Dieu d'amour n'en est que plus aimable.

Sans nul éclat le vrai Dieu va paraître :
De cet autel il vient s'unir à moi.
    Est-ce mon maître?
    Est-mon roi?
Laissez, mes yeux, laissez agir ma foi :
Un œil chrétien ne peut le méconnaître.

Du Roi des rois je suis le tabernacle :
Oui, de mon âme un Dieu devient l'époux.
    Charmant spectacle,
    Espoir trop doux;
Rendez, grand Dieu, mon cœur digne de vous,
Votre amour seul peut faire ce miracle.

Je m'attendris sans trouble et sans alarmes;
Amour divin, je ressens vos langueurs,
    Heureuses larmes,
    Aimables pleurs!
O que mon cœur y trouve de douceurs!
Tous vos plaisirs, mondains, ont-ils ces charmes?

Tristes penchans, malheureux fruits du crime,
C'est vous qu'il veut que j'immole à son choix :
    Ce Dieu m'anime,
    Suivons ses lois.
Parlez, Seigneur, j'écoute votre voix;
Mon cœur est prêt, nommez-lui la victime.

Ce pain des forts soutiendra mon conrage.
Veuez, démons, de mon bonheur jaloux;

Que votre rage
Vous arme tous :
Je ne crains point vos plus terribles coups ;
De ma victoire un Dieu devient le gage.

Il me remplit d'une douce espérance
Qui me suivra plus loin que le trépas,
Si sa puissance
Soutient mon bras.
C'est peu pour lui d'animer mes combats,
Il veut encore être ma récompense.

Pour un pécheur que sa tendresse est grande !
Qu'elle mérite un généreux retour !
Dieu ! quelle offrande
Pour tant d'amour !
Prenez mon cœur, je vous l'offre en ce jour :
Ce cœur suffit, c'est tout ce qu'il demande.

ENGAGEMENT D'ÊTRE A DIEU POUR TOUJOURS.

Mon cœur, en ce jour solennel,
Il faut enfin choisir un maître ;
Balancer serait criminel,
Quand Dieu seul est digne l'être.
C'en est donc fait, ô Dieu sauveur !   } bis.
A vous seul je donne mon cœur.

A qui doit-il appartenir,
Ce cœur qui vous doit l'existence,
Que vous avez daigné nourrir
De votre immortelle substance ?   C'en est, etc.

A chercher la félicité,
Hélas ! en vain je me consume;
Loin de vous tout est vanité,
Déplaisir, tristesse, amertume.   C'en est, etc.

Vous seul pouvez me rendre heureux;
Je le sens, oui, votre présence,
A pleinement comblé mes vœux,
Et fixé ma longue inconstance.   C'en est, etc.

Que sont tous les biens d'ici-bas ?
Qu'ils ont peu de valeur réelle!
Tous ensemble ils ne peuvent pas
Satisfaire une âme immortelle.   C'en est, etc.

Que puis-je désirer de plus ?
Je possède mon Dieu lui-même.
Ah ! tous les biens sont superflus
Quand on jouit du bien suprême.   C'en, est, etc.

En vain, trop séduisans plaisirs,
Vous faites briller tous vos charmes,
Vous trompez toujours nos désirs,
Et vous finissez par des larmes.   C'en est, etc.

Dans votre festin précieux,
Ah ! Seigneur, quelle douce ivresse!
O quels plaisirs délicieux
Me fait goûter votre tendresse!   C'en est, etc.

Le monde prétend à tout prix
Qu'à suivre ses lois je m'engage :
Tu n'obtiendras que mon mépris,
Monde aussi trompeur que volage.   C'en est, etc.

Vous m'avez dit avec douceur :
Mon enfant, prends mon joug aimable;
Quand on le porte avec ardeur,
Il est léger, doux, agréable.   C'en est, etc.

Qu'ils sont étonnans vos bienfaits !
Leur grandeur fait mon impuissance;

Et comment pourrai-je jamais
Acquitter ma reconnaissance ? C'en est, etc.

Vous voulez bien me demander
De mon cœur la chétive offrande :
Hésiterais-je d'accorder
Ce que le Tout-Puissant demande ? C'en est, etc.

Oui, ce cœur vous est consacré :
Je veux que toujours il vous aime :
J'en atteste le don sacré
Qu'il tient de votre amour extrême. C'en est, etc.

SENTIMENS DE CONTRITION.

Mon doux Jésus, enfin voici le temps
De pardonner à nos cœurs pénitens ;
   Nous n'offenserons jamais plus
     Votre bouté suprême,   } bis.
     O doux Jésus !

Enfin, mon Dieu, nous sommes à genoux,
Pour vous prier de pardonner à tous ;
   Pardonnez-nous, ô Dieu clément,   } bis.
     Lavez-nous de nos crimes
     Dans votre sang.

SUR LA MORT.

Air : *Quand le péril est agréable.*

Nous passons comme une ombre vaine,
Nous ne ne naissons que pour mourir.

Quand la mort doit-elle venir ?
　L'heure en est incertaine.

La mort à tout âge est à craindre ;
Chaque pas conduit au tombeau,
Tous nos jours ne sont qu'un flambeau
　Qu'un souffle peut éteindre.

Je vois un torrent en furie
Disparaître après un moment ;
Hélas ! aussi rapidement
　S'écoule notre vie.

Dans nos jardins, la fleur nouvelle
Ne dure souvent qu'un matin :
Tel est, mortels, votre destin ;
　Vous passerez comme elle.

La mort doit tout réduire en poudre,
Vous mourrez, superbes guerriers :
N'espérez pas que vos lauriers.
　Vous sauvent de la foudre.

Vous qu'on adore sur la terre,
Vous périrez, vaine beauté ;
Vous avez la fragilité,
　Comme l'éclat du verre.

Vous qui faites trembler les autres,
Rois, arbitres de notre sort,
Vous êtes sujets à la mort,
　Ainsi que tous les vôtres.

Pourquoi donc cette attache extrême
Aux biens, aux honneurs, aux plaisirs ?
Hélas ! tout ce qui doit finir
　Mérite-t-il qu'on l'aime ?

Que la mort peut être funeste !
Que ce passage est important !
C'est ce seul et fatal instant
　Qui décide du reste.

Ah ! tandis que tout m'abandonne,
Anges, ne m'abandonnez pas.
C'est du dernier de mes combats
   Que dépend ma couronne.

Et vous, ô Vierge débonnaire !
Venez ranimer mon ardeur :
Je suis un perfide, un pécheur ;
   Mais vous êtes ma mère.

Si je mérite tes vengeances,
Ah ! grand Dieu, regarde ton Fils ;
Il va t'offrir pour moi le prix.
   De toutes ses souffrances.

C'est lui qui bannit nos alarmes
Dans ce redoutable moment ;
Quand on peut mourir en l'aimant,
   Que la mort a de charmes !

SUR LA PRÉSENCE DE DIEU.

Objet seul digne de mes vers,
Gloire à toi, Dieu, dont la présence
Rayonne dans tout l'univers ;
Et ta sagesse et ta puissance.
   Partout mon Dieu s'offre à mes yeux
   Pour élever mon âme aux cieux.

C'est toi, salut, brillant flambeau,
De qui la lumière féconde,
Du néant semble de nouveau
Appeler et vêtir le monde.
   Partout mon Dieu, etc.

Par un instinct religieux
   Pressé long-temps avant l'aurore,

Pourquoi

Pourquoi l'oiseau mélodieux
Chantait-il un Dieu qu'il ignore ?
   Partout mon Dieu, etc.

A leurs petits pendant le jour,
Ils vont partager leur pâture :
Qui leur inspire tant d'amour,
Sinon l'auteur de la nature.
   Partout mon Dieu, etc.

Du flanc de ce riant côteau,
Ou du sommet de la montagne
Qui de ce limpide ruisseau
Prend soin d'arroser la campagne ?
   Partout mon Dieu, etc.

Ah ! sur mon cœur faible et pieux,
Dieu bon, que j'aime et que j'adore,
Fais tomber ta grâce des cieux
Plus féconde et plus pure encore.
   Partout mon Dieu, etc.

Si ton courroux a déchaîné
Les vents qui sifflent sur ma tête,
Bientôt mon crime est pardonné,
Et ta voix calme la tempête;
   Partout mon Dieu, etc.

C'est toi qui brilles dans la fleur,
A l'astre prêtes sa lumière,
A la colombe sa douceur;
C'est toi qui m'aimes dans un père.
   Partout mon Dieu, etc.

Partout où je porte mes pas
Tout me rappelle ta présence;
Et quel jour ne m'offre-t-il pas
Quelque trait de ta bienfaisance ?
   Partout mon Dieu, etc.

C'est lui qui règne dans les rois

Il est indigent sous le chaume :
Dans son temple j'entends sa voix
Quand je crois n'entendre que l'homme.
  Partout mon Dieu, etc.

Ce Dieu m'enseigne avec bonté
Dans la fourmi la diligence,
Dans le chien la fidélité,
Dans l'abeille la prévoyance.
  Partout mon Dieu, etc.

Comme il embellit mon séjour !
De quels dons il orne ma vie !
Comme il prodigue son amour
Au mortel ingrat qui l'oublie !
  Partout mon Dieu, etc.

Plus riche que tous ses tableaux,
Combien est grand l'auteur suprême !
Si ses ouvrages sont si beaux,
Combien est beau ce Dieu lui-même.
  Ah ! quand verrai-je de mes yeux
  Le Dieu qui règne dans les cieux ?

OFFRANDE DE LA JOURNÉE A DIEU.

O Dieu, dont je tiens l'être,
Toi qui règles mon sort,
Seul arbitre, seul maître
De mes jours, de ma mort,

Je t'offre les prémices
Du jour qui luit sur moi,

Et veux, sous tes auspices,
Ne les donner qu'à toi.

Daigne d'un œil propice
En voir tous les instans ;
Que ta main en bannisse
Tous les dangers pressans :
Surtout, Dieu de clémence,
Qu'avec ton saint secours,
Nul crime, nulle offense,
N'ose en ternir le cours.

Que ta bonté facile,
Qui voit tous mes besoins,
Rende, à tes yeux, utile
Mon travail et mes soins ;
Et que, suivant la trace
Que nous ouvrent les saints,
Nos jours soient, par ta grâce,
Des jours purs et sereins.

Je mets ma confiance,
Vierge, en votre secours ;
Servez-moi de défense,
Prenez soin de mes jours ;
Et quand ma dernière heure
Viendra fixer mon sort,
Obtenez que je meure
De la plus sainte mort.

O Dieu puissant, à ta gloire
Je me consacre en ce jour :
Talens, biens, esprit, mémoire,
Feux d'un éternel amour.

Ah ! si jamais infidèle
Mon cœur devait te trahir,
Que sous ta main paternelle
Ici je puisse mourir.

Si toujours ta bienfaisance
Sur moi verse tous ses dons,
Reçois ma reconnaissance
Et mes hommages profonds.
    Ah ! si jamais etc.

C'est toi seul que je veux suivre,
Toi seul feras mon bonheur ;
Oui, pour toi seul je veux vivre
Et veux mourir sur ton cœur.
    Ah ! si jamais etc.

POUR LA BÉNÉDICTION DU TRÈS-SAINT SACREMENT.

Air : *Quels nuages épais, etc.*

O PRODIGE d'amour ! spectacle ravissant !
Sous un pain qui n'est plus Dieu cache sa présence ;
Ici pour le pécheur il est encor mourant ;
Les anges étonnés l'adorent en silence :
    Prosternez-vous, offrez des vœux,
    Oui, mortels, c'est le roi des cieux.

Que vois-je ? non content d'expirer sur la croix,
L'immortel souverain de toute la nature,
Aux yeux de ses enfans rebelles à ses lois,
S'immole, et tous les jours devient leur nourriture !
    Prosternez-vous, etc.

La croix ne nous cachait que la divinité;
L'homme-Dieu tout entier s'éclipse en ce mystère,
Mais je l'y reconnais dans la réalité :
C'est mon aimable roi, c'est mon Dieu, c'est mon
    père.
    Prosternez-vous, etc.

Auguste sacrifice, ô temple, ô saint autel,
D'où la foi fait jaillir la grâce du Calvaire;
Puisse couler sur nous, en ce jour solennel,
De son sang précieux la vertu salutaire !
    Prosternez-vous, etc.

O sacré monument de la mort du Sauveur,
Pain vivant, qui donnez la vie au vrai fidèle,
De mon âme soyez l'aliment, la douceur,
Qu'elle brûle pour vous d'une ardeur éternelle !
    Prosternez-vous, etc.

Jésus, qu'un voile obscur ici couvre à mes yeux,
Satisfaites bientôt la soif qui me dévore :
Que je vous voie enfin dans ce royaume heureux
Où l'âme, à découvert, vous aime et vous adore :
    O quand verrai-je ce beau jour
    Qui couronnera mon amour ?

SUR LA PASSION DE NOTRE SEIGNEUR
JÉSUS - CHRIST.

PLEUREZ, mes yeux, pleurez, Jésus expire,
C'est son amour qui l'a mis aux abois;
Suivez, mon cœur, l'ardeur qu'il vous inspire,
Attachez vous avec lui sur la Croix.

    D'un Dieu souffrant considérez les peines,
Vous qui passez par ces funèbres lieux;

De tous côtés le sang sort de ses veines :
Pécheurs ingrats, jetez ici les yeux.

Fut-il jamais un si cruel martyre ?
Il est meurtri jusqu'a nous faire horreur :
Pour des ingrats sur la Croix il expire;
Est-il douleur semblable à sa douleur ?

Perfide cœur, quel parti dois tu suivre ?
Il souffre, hélas ! tout ce qu'on peut souffrir;
Car s'il ne meurt, ingrat, tu ne peux vivre;
Mais le voyant, peux-tu ne pas mourir ?

O mon Sauveur, que votre amour s'oublie !
Quelle douleur! vous expirez pour moi :
Faut-il, Jésus, pour me sauver la vie,
Que de la mort vous subissiez la loi ?

Ah ! quand je pense à cet amour extrême,
Quand je vous vois souffrir ce dur trépas,
Hélas ! mon Dieu, c'en est trop, je vous aime;
Mes pleurs, Jésus, ne le disent-ils pas ?

POUR LA RÉNOVATION DES VOEUX DU BAPTÊME.

UNE VOIX.

QUANT l'eau sainte du baptême
Coula sur vos fronts naissans,
Et qu'un Dieu, la bonté même,
Vous adopta pour enfans,
    Muets encore,
D'autres promirent pour vous :

Aujourd'hui, confessez tous
La foi dont un chrétien s'honore.

TOUS LES ENFANS.

Foi de nos pères,
Notre règle et notre amour,
Nous embrassons dans ce jour
Et ta morale et tes mystères.

En vain à ma foi soumise
S'oppose un orgueil trompeur :
Sur les traces de l'Église
Puis-je marcher dans l'erreur ?
Trinité sainte,
Je te confesse et te crois,
Et je t'adore trois fois,
Et plein d'amour et plein de crainte.
Foi de nos pères, etc.

Annoncé par mille oracles,
Et de la terre l'espoir,
L'Homme-Dieu, par ses miracles,
Fait éclater son pouvoir.
Victime pure,
Il triomphe du trépas ;
Et je n'adorerais pas
En lui l'auteur de la nature !
Foi de nos pères, etc.

Que sa morale est divine !
Que sa parole a d'attrait !
Tous les cœurs qu'il illumine,
Il les console en secret.
Et l'on blasphème…
Ce Dieu fait homme pour nous !
Ingrats ! tombez à genoux…..
Voyez s'il mérite qu'on l'aime.
Foi de nos pères, etc.

Par un funeste héritage,
Nos parens, avec le jour,
Nous transmirent en partage
La haine d'un Dieu d'amour.
    J'implore et crie!
Dieu s'offense de mes pleurs;
Mais Jésus a dit : Je meurs;
Et sa mort me rend à la vie.
    Foi de nos pères, etc.

Ciel! quelle robe éclatante!
Quel bain pur et bienfaisant!
Quelle parole puissante
D'un Dieu m'a rendu l'enfant?
    Je te baptise....
Le ciel s'ouvre, plus d'enfer,
Et des anges le concert
M'introduit au sein de l'Église,
    Foi de nos pères, etc.

De quel œil de complaisance
Vous me vîtes, ô mon Dieu,
Quand, revêtu d'innocence,
On m'emporta du saint lieu!
    Pensée amère!
O beau jour trop tôt passé!
Hélas! je me suis lassé,
Mon Dieu, de vous avoir pour père.
    Foi de nos pères, etc.

J'ai blessé votre tendresse,
Violé vos saintes lois :
Vous me rappelliez sans cesse,
Je repoussais votre voix.
    Du moins mes larmes
Obtiendront-elles pardon ?
Seigneur, de votre mai on
Je puis encor goûter les charmes.
    Foi de nos pères, etc.

Loin de moi, monde profane !
Fuis, ô plaisir séduisant !
L'Evangile vous condamne,
Vous blessez en caressant.
Sous votre empire,
Mon Dieu, sont les vrais trésors ;
Vos douceurs sont sans remords,
C'est pour elles que je soupire.
Foi de nos pères, etc.

Loin de ces tentes coupables
Où s'agite le pécheur,
Sous vos pavillons aimables
J'irai jouir du bonheur ;
Avant l'aurore
Mon cœur vous appellera,
Et quand le jour finira,
Mes chants vous béniront encore.
Foi de nos pères, etc.

———

Que cette voûte retentisse
Des vœux et des chants des mortels,
Que tout ici s'anéantisse :
Jésus paraît sur nos autels.

Quoique caché dans ce mystère
Sous les apparences du pain,
C'est notre Dieu, c'est notre père,
C'est le Sauveur du genre humain.

O divin époux de nos ames !
Dans cet auguste Sacrement
Embrâsez-nous tous de vos flâmes,
En vous faisant notre aliment.

4 **

FRUIT DES LEÇONS DU CATÉCHISME.

Air de *Joseph*.

Que je me plais dans ton enceinte,
Lieu sacré, fortuné séjour
Où Dieu m'instruit de sa loi sainte,
Et grave en mon cœur son amour !
Ecole où Jésus, à l'enfance,
Révèle ses plus hauts secrets ;
Saint asile où mon innocence
Brave le vice et ses attraits.   } bis.

Ici, je vois par quels miracles
Dieu, jadis, montra son pouvoir ;
Je médite ses saints oracles,
Ses préceptes et mon devoir ;
Ici, sous un joug salutaire,
L'Eglise enchaîne mon orgueil,
Et d'une audace téméraire
M'apprend à fuir le triste écueil.   } bis.

S'il faut que ma raison révère
Le nuage mystérieux
Qui me dérobe une lumière
Dont l'éclat blesserait mes yeux,
La foi, d'une main secourable,
Me prêtant ici son flambeau,
Du sanctuaire impénétrable
Soulève pour moi le rideau.   } bis.

Si ma juste reconnaissance
Présente à mon Dieu, chaque jour,
L'hommage de ma dépendance
Et le tribut de mon amour ;
A mes parens si plus docile,
Sans murmurer, j'entends leur voix,

C'est à tes leçons, cher asile,
A tes conseils que je le dois.   } *bis.*

Monde, ne vante plus tes charmes;
Tu n'enflammes pas mes désirs;
Je sais quels dégoûts, quelles larmes
Payent tes coupables plaisirs.
Ce n'est qu'ici que mon enfance
Des vrais biens, goûte la douceur :
Les plaisirs purs de l'innocence
Peuvent seuls donner le bonheur.   } *bis.*

EN L'HONNEUR DE TOUS LES SAINTS.

Air : *Je l'ai planté, je l'ai vu naître.*

Quels accords! quels concerts augustes!
Quelle pompe éblouit mes yeux!
Fais silence à l'aspect des justes,
O terre, entends le chant des cieux.   *(bis.)*

O divine, ô tendre harmonie !
Les Saints, dans des transports d'amour,
Chante la grandeur infinie
Du Dieu dont ils forment la cour.   *(bis.)*

Quel spectacle! un Dieu sans nuage
Se montre aux yeux des bienheureux;
Ils contemplent de son visage
Les traits sereins et lumineux.   *(bis).*

Le Seigneur transporte leur âme
Par les plus saints ravissemens :
La sainte ardeur qui les enflamme
Les nourrit de feux renaissans.   *(bis.)*

Je vois, à l'ombre de ses ailes,
Ces saints dont l'éloquente voix
Confondit les esprits rebelles,
Et donna des leçons aux rois.   (*bis.*)

De la nouvelle Babylone,
Les martyrs, ces brillans vainqueurs,
Sont assis auprès de son trône,
Le front ceint d'immortelles fleurs.   (*bis.*)

Les vierges, ces tendres victimes
Du chaste amour pour leur époux,
Demandent grâce pour nos crimes,
Et nous dérobent à ses coups.   (*bis.*)

Que nos voix ici-bas s'unissent
A leurs concerts mélodieux !
Servons le maître qu'ils bénissent,
En suivant leurs pas glorieux.   (*bis.*)

Seigneur, arrête la furie
De l'enfer armé contre nous :
Si tu perdis pour tous la vie,
Tu fis aussi le ciel pour tous.   (*bis.*)

Daigne nous rendre l'héritage
Que tu promis à notre foi :
Ah ! c'est languir dans l'esclavage,
Que de vivre éloigné de toi.   (*bis.*)

APRÈS LA COMMUNION.

Air : *Te bien aimer, etc.*

Qu'ils sont aimés, grand Dieu, tes tabernacles !
Qu'ils sont aimés et chéris de mon cœur !
Là tu te plais à rendre tes oracles ;
La foi triomphe, et l'amour est vainqueur.

Qu'il est heureux celui qui te contemple,
Et qui soupire au pied de tes autels!
Un seul moment qu'on passe dans ton temple
Vaut mieux qu'un siècle au palais des mortels.

Je nage au sein des plus pures délices;
Le ciel entier, le ciel est dans mon cœur.
Dieu de bonté, de faibles sacrifices
Méritaient-ils cet excès de bonheur?

En les comblant, par un charme suprême,
Un Dieu puissant irrite mes désirs :
Il me consume, et je sens que je l'aime;
Et cependant je m'exhale en soupirs.

Autour de moi les anges en silence
D'un Dieu caché contemplent la splendeur:
Anéantis en sa sainte présence,
O chérubins, enviez mon bonheur!

Et je pourrais à ce monde qui passe
Donner un cœur par Dieu même habité!
Non, non, mon Dieu; je puis tout par ta grâce,
Dieu, sauve-moi de ma fragilité.

En souverain règne, commande, immole;
Règne sur tout par le droit de l'amour.
Adieu, plaisirs; adieu, monde frivole :
A Jésus seul j'appartiens sans retour.

Air nouveau.

Que chantez-vous, petits oiseaux?
Je vous regarde et vous écoute;
C'est Dieu qui vous a faits si beaux;
Vous le chantez sans doute.

Son nom vous anime en ces bois,
Vous n'en célébrez jamais d'autre :
Faut-il que mon ingrate voix
N'imite pas la vôtre !

Vos airs si tendres et si doux
Lui rendent tous les jours hommage :
Le bénirai-je moins que vous ?
Je lui dois davantage.

POUR L'ÉLÉVATION.

Recueillons-nous, le prodige s'opère ;
Jésus paraît, Jésus descend des cieux ;
En ce moment il arrive en ces lieux ,
Je me prosterne et le révère.
Je l'adore et je croi ;
C'est mon Roi , c'est mon père :
Le mystère ne l'est plus pour moi ;
Une céleste lumière   (bis.)
Brille et m'éclaire :
Oui , je le voi.   } (bis.)

DIEU ET LE PÉCHEUR.

DIEU.

Reviens , pécheur, à ton Dieu qui t'appelle,
Viens au plutôt te ranger sous sa loi :

Tu n'as été déjà que trop rebelle;
Reviens à lui, puisqu'il revient à toi.　　(*bis.*)

LE PÉCHEUR.

Voici, Seigneur, cette brebis errante
Que vous daignez chercher depuis long-temps :
Touché, confus d'une si longue attente,
Sans plus tarder, je reviens, je me rends.　　(*bis.*)

DIEU.

Pour t'attirer, ma voix se fait entendre ;
Sans me lasser, partout je te poursuis :
D'un Dieu pour toi, du père le plus tendre,
J'ai les bontés, ingrat, et tu me fuis !　　(*bis.*)

LE PÉCHEUR.

Errant, perdu, je cherchais un asíle ;
Je m'efforçais de vivre sans effroi.
Hélas ! Seigneur, pouvais-je êfre tranquille
Si loin de vous, et vous si loin de moi?

DIEU.

Attraits, frayeurs, remords, secret langage,
Qu'ai-je oublié dans mon amour constant?
Ai-je pour toi dû faire davantage?
Ai-je pour toi dû même en faire autant ?　　(*bis.*)

LE PÉCHEUR.

Je me repens de ma faute passée,
Contre le ciel, contre vous j'ai péché ;
Mais oubliez ma conduite insensée,
Et ne voyez en moi qu'un cœur touché.　　(*bis.*)

DIEU.

Si je suis bon, faut-il que tu m'offenses ?
Ton méchant cœur s'en prévaut chaque jour :
Plus de rigueur vaincrait tes résistances;
Tu m'aimerais, si j'avais moins d'amour.　　(*bis.*)

LE PÉCHEUR.

Que je redoute un juge, un Dieu sévère !
J'ai prodigué des biens qui sont sans prix ;
Comment oser vous appeler mon père ?
Comment oser me dire votre fils ?   (*bis.*)

DIEU.

Marche au grand jour que t'offre ma lumière,
A sa faveur tu peux faire le bien ;
La nuit bientôt finira ta carrière,
Funeste nuit où l'on ne peut plus rien.   (*bis.*)

LE PÉCHEUR.

Dieu de bonté, principe de tout être,
Unique objet digne de nous charmer,
Que j'ai long-temps vécu sans vous connaître !
Que j'ai long-temps vécu sans vous aimer ! (*bis.*)

DIEU.

Ta courte vie est un songe qui passe,
Et de ta mort le jour est incertain :
Si j'ai promis de te donner ta grâce,
T'ai-je jamais promis le lendemain ?   (*bis.*)

LE PÉCHEUR.

Votre bonté surpasse ma malice,
Pardonnez-moi ce long égarement ;
Je le déteste, il fait tout mon supplice,
Et pour vous seul j'en pleure amèrement. (*bis.*)

DIEU.

Le ciel doit-il te combler de délices
Dans le moment qui suivra ton trépas,
Ou bien l'enfer t'accabler de supplices ?
C'est l'un des deux, et tu n'y penses pas. (*bis.*)

LE PÉCHEUR.

Je ne vois rien qua mon cœur ne défie,
Malheurs, tourmens ou plaisirs les plus doux :
Non, fallût-il cent fois perdre la vie,
Rien ne pourra mi séparer de vous.   (*bis.*)

SUR LE CIEL.

Sainte cité, demeure permanente,
Sacré palais, qu'habite le grand roi,
Où doit sans fin régner l'âme innocente,
Quoi de plus doux que de penser à toi ?   (*bis.*)

Dans tes parvis tout n'est plus qu'allégresse ;
C'est un torrent des plus chastes plaisirs :
On ne ressent ni peine, ni tristesse ;
On ne connaît ni plainte, ni soupirs.   (*bis.*)

Tes habitans ne craignent plus d'orage ;
Ils sont au port, ils y sont pour jamais ;
Un calme entier devient leur doux partage ;
Dieu dans leur cœur verse un fleuve de paix. (*bis.*)

De quel éclat ce Dieu les environne !
Ah ! je les vois tout brillans de clarté ;
Rien ne saurait y flétrir leur couronne :
Leur vêtement est l'immortalité.   (*bis.*)

Pour les élus il n'est plus d'inconstance,
Tout est soumis au joug du saint amour ;
L'affreux péché n'a plus là de puissance ;
Tont bénit Dieu dans cet heureux séjour.   (*bis.*)

Beauté divine, ô beauté ravissante,
Tu fais l'objet du suprême bonheur :
O quand naîtra cette aurore brillante
Où nous pourrons contempler ta splendeur ? *(bis.)*

Puisque Dieu seul est notre récompense,
Qu'il soit aussi la fin de nos travaux ;
Dans cette vie un moment de souffrance
Mérite au ciel un éternel repos. *(bis.)*

SENTIMENS D'AMOUR ET DE RECONNAISSANCE.

Air : *Des simples jeux de son enfance.*

SEIGNEUR, dès ma première enfance,
Tu me prévins de tes bienfaits ;
Heureux si ma reconnaissance
Dans mon cœur les grave à jamais.
Le monde, trompeur et volage,
En vain m'offrirait sa faveur ;
Je n'en veux point, tout mon partage   } *bis.*
Est de n'aimer que le Seigneur

Dieu règne en père dans mon âme ;
Il en remplit tous les désirs,
Et l'amour pur dont il m'enflamme
Vaut seul mieux que tous les plaisirs.
   Le monde, etc.

Si je m'égare, il me rappelle ;
Si je tombe, il me tend la main ;
Il me protége sous son aile,
Il me renferme dans son sein,
   Le monde, etc.

Si je suis constant et fidèle
A conserver son saint amour,

Une récompense éternelle
M'attend dans son divin séjour.
   Le monde, etc,

Chrétiens, ne chérissons la vie
Que pour aimer et pour gémir;
Nos pleurs nous ouvrent la patrie,
Aimons jusqu'au dernier soupir.
   Le monde, etc.

Sur cet autel, où sont en ta présence
Les chérubins remplis d'un saint effroi,
J'ose, grand Dieu, t'invoquer pour la France,
J'ose, grand Dieu, t'invoquer pour son Roi. *bis.*

Si nos péchés, provoquant ta vengeance,
Ont pu, Seigneur, nous éloigner de toi,
Daigne aujourd'hui pardonner à la France,
Daigne veiller sur les jours de son Roi.

Tu fus toujours notre ferme espérance;
De nos tyrans bravant la dure loi,
Nous répétions : Dieu sauvera la France;
Un jour enfin il lui rendra son Roi.

Ce jour heureux brille enfin sur la France,
Et ta bonté dissipe notre effroi :
Nous éprouvons l'effet de ta clémence;
Nous possédons la paix et notre Roi.

Sa piété désarme ta vengeance :
A son exemple on chérira ta loi;
On bénira ton saint nom dans la France,
En bénissant le nom d'un si bon Roi.

Chacun dira : Oui, c'est à ta clémence,
Dieu de bonté, oui, Seigneur, c'est à toi
Que nous devons le calme de la France,
Que nous devons le retour de son Roi.

Gloire à jamais à ta haute puissance !
Fais que toujours nous chérissions ta loi,
Et que sans cesse on chante dans la France :
Gloire au Seigneur qui nous rend notre Roi !

IMPORTANCE DU SALUT.

Travaillez à votre salut,
Quand on le veut, il est facile ;
Chrétiens, n'ayez point d'autre but :
Sans lui, tout devient inutile.   (*bis.*)
Sans le salut, (*bis*) pensez-y bien
Tout ne vous servira de rien.   (*bis.*)

O que l'on perd en le perdant !
On perd le céleste héritage :
Au lieu d'un bonheur si charmant,
On a l'enfer pour son partage,   (*bis.*)
   Sans le salut, etc.

Que sert de gagner l'univers,
Dit Jésus, si l'on perd son âme,
Et s'il faut au fond des enfers
Brûler dans l'éternelle flamme ?   (*bis.*)
   Sans le salut, etc.

Rien n'est digne d'empressement,
Si ce n'est la vie éternelle ;
Tout le reste est amusement,
Tout n'est que pure bagatelle.   (*bis.*)
   Sans le salut, etc,

C'est pour toute une éternité
Qu'on est heureux ou misérable :
Que devant cette vérité
Tout ce qui passe est méprisable !   (*bis.*)
    Sans le salut, etc.

Grand Dieu, que tant que nous vivrons
Cette vérité nous pénètre !
Ah ! faites que nous nous sauvions
A quelque prix que ce puisse être.   (*bis.*)
    Sans le salut, etc.

SENTIMENS D'AMOUR AVANT LA COMMUNION.

Air : *Petits oiseaux, etc.*

Tu vas remplir le vœu de ma tendresse,
Divin Jésus, tu vas me rendre heureux ;
O saint amour, délicieuse ivresse !
Dans ce moment, mon âme est tout en feux. (*bis.*)

Princes, ornés du riche diadème,
Je me rirai de votre faux bonheur.
C'est toi, toi seule, ô ma beauté suprème !
Qui régneras sur mes sens et mon cœur.   (*bis.*)

Ne tarde plus, mon adorable père,
Ne tarde plus à venir dans mon cœur :
Rien sans Jésus ne peut le satisfaire,
Tout autre objet est pour lui sans douceur. (*bis.*)

Divin époux, tu descends dans mon âme,
C'est aujourd'hui le plus beau de mes jours :
Que tout en moi se ranime et m'enflamme :
Divin époux ; je t'aimerai toujours.   (*bis.*)

Il est à moi, ce Dieu si plein de charmes,
Mon bien-aimé, mon aimable Sauveur;
Echappez-vous de mes yeux, douces larmes.
Coulez, coulez, annoncez mon bonheur.   (*bis.*)

Que ce bonheur est grand, incomparable !
Du saint amour je ressens les langueurs ;
De ce beau feu, si pur, si désirable,
Ah ! qu'à jamais je goûte les douceurs !   (*bis.*)

____

LE PÉCHEUR DÉTROMPÉ DES ERREURS DU MONDE.

Un fantôme brillant séduisit ma jeunesse,
Sous le nom du plaisir, il égara mes pas ;
Insensé que j'étais ; je n'apercevais pas
L'abîme que des fleurs cachaient à ma faiblesse.
Mais, enfin, revenu de mes égaremens,
Remettant mon salut à ta bonté chérie,
O mon Dieu ! mon soutien ! après mille tourmens,
Quand je reviens à toi ; je reviens à la vie.

Le flambeau si vanté de la Philosophie,
Ces lumières du jour, dont j'admirais les feux,
M'ont conduit sur le bord du précipice affreux
Où me poussait sans cesse une force ennemie.
Mais, enfin, etc.

Plaisirs où j'avais cru ne trouver que des charmes,
Ivresse de mes sens, trompeuse volupté,
Hélas ! en vous cherchant, que vous m'avez coûté
De craintes, de douleurs, de regrets et de larmes !
Mais, enfin, etc.

L'amitié, cet appui qui reposait mon ame,
Cet asile si doux où j'avais sommeillé,

Comme un songe menteur, quand je fus éveillé,
M'offrit la trahison au reflet de sa flamme.
Mais, enfin, etc.

Vous qui de vos vertus souteniez mon enfance,
O mon père! ô ma mère! à combien de douleurs
Ma jeunesse rebelle a dû livrer vos cœurs,
Et troubler vos tombeaux dans leur pieux silence!
Mais, enfin, etc.

Pardonnez, pardonnez à votre enfant coupable;
Hélas! cent fois puni d'oublier vos leçons,
Même au sein des plaisirs, par des remords profonds,
Il expiait déjà son crime impardonnable.
Mais, enfin, etc.

Oui, mon Dieu, c'en est fait, touché de ta clémence
Je quitte pour jamais le monde et ses appas.
Nouvel enfant prodigue, appelé dans tes bras,
Je retrouve à-la-fois mon père et l'innocence.
Car, enfin, etc.

Sainte paix, calme heureux, où mon ame repose,
Plaisirs délicieux dont s'enivre mon cœur,
Oh! ne me quittez plus; donnez-moi le bonheur
Qu'en vain depuis long-temps le monde me propose.

FIN.